哲学は資本主義を変えられるか

ヘーゲル哲学再考

竹田青嗣

JN167408

哲学は資本主義を変えられるか——ヘーゲル哲学再考

目次

はじめに

現代社会は、いま歴史上の大きな曲がり角にさしかかっている。現代資本主義は、まず地球を消費し尽くそうとしており、また、人間社会が近代にいたってようやく自覚し確保しようと試みてきた「人間的自由」を、再び奪い去ってしまうかもしれない。

一八世紀の終わりにヨーロッパを中心として「近代国家」が成立したあと、世界は激動の時代を通過してきた。近代国家どうしの激しい闘争状態、その帰結としての二つの世界戦争、そしてその後の東西対立と冷戦構造。二〇世紀の終わりにはこれも終焉《しゅうえん》し、現在は〝世界資本主義〟の時代に入っている。そして、現在の世界資本主義が抱えている中心的問題は二つ。拡大する格差の構造と、資源・環境の地球的限界ということだ。

これらの問題にはっきりした輪郭と展望を与えることは、現代の思想の大きな課題である。世界の先行きに明確なビジョンがないとき、人々の生への意欲は衰退し、社会的な営みや生活上の個々人の努力を支える意味が、貧血状態に陥るからだ。

ポストモダン思想を含む現代思想は、たしかに社会批判の最前線の思想としてさまざまな局面で格闘してきた。なによりそれは、二〇世紀思想の硬直したイデオロギー性やドグマ主義（教条主義）を相対化することに、決定的な役割を果たした。しかし、現在の世界資本主義の動向に対しては決定的な展望を出せないでいる。その理由は何だろうか。

現代の批判思想は、全体として、反ヘーゲル＝マルクス主義に傾き、また「反哲学」に傾いている。現代思想が、反ヨーロッパ・反近代という観念に、その批判の足場をおいているからだ。それは「近代社会」をヨーロッパに固有のものと考え、ヘーゲルとマルクス主義をそのもっとも正統の思想とみなし、そしてこれに〝反抗〟することで現代資本主義の大きな矛盾を超え出ようとしてきた。だが、現代思想のこのような批判の根拠は妥当なものだったろうか。

わたしの考えはこうである。ヘーゲルは「近代社会」の理念のもっとも本質的な完成者だった。これに対してマルクスは、「近代社会」の現実のもっとも根底的な批判者であった。このため両者はしばしば思想的ライバルと見なされている。しかし、近代の人間的本質に対する彼らの思想の核は、決して異なるものではなかった。後者は前者が設定した人類的課題を異なるアイデアで更に推し進めようとしたのである。そして、もっと重要なのは、これに続いた現代思想は、この二人がおいた本質的な社会批判の思想を超え出てその先に進み出ることができないでいる、ということにほかならない。

現代思想は、およそ一切のものを、考えられるかぎりのさまざまなレトリックで批判し尽くした。しかし、現代思想自身は何らかの新しい社会原理とその構想を提出することはできなかった。哲学の観点から言えば、こういう場合、われわれはもう一度、ヘーゲルとマルクスの場所から、つまり近代哲学のはじめの問題設定の地点から再出発するほかはないのである。

この本のテーマは、第一にヘーゲル論である。とくにヘーゲルの社会哲学と人間哲学のエッセンスを簡明に示すこと。このことでわれわれは、近代社会、近代国家、そして現代国家の本質を把握することができる。そしてつぎに、マルクスの近代国家批判の要諦《ようてい》を、もう一度再確認すること。ここから、われわれは、現在、何を批判し、何を変革の目標とすべきかを、再構築しなければならない。

二〇〇四年にわたしは『人間的自由の条件』を上梓《じょうし》して、同じ課題をヘーゲル哲学の解読を軸として試み、ヘーゲル哲学から「近代社会」の核心的原理として「自由の相互承認」の概念を取り出した。そしてこれについて、いくつか重要と思える異議を受けた。「自由の相互承認」の概念は市民社会的概念にすぎず、〝ヨーロッパ的〟普遍性からはみ出るものを排除する、という批判が一つ。もう一つが、この概念は、結局、現在の世界資本主義体制や、アメリカの覇権主義を擁護するものではないか、という異議だ。はじめの批判についていえば、「市民社会」や「普遍性」という概念の素朴な誤認にすぎない。しかし、あとの疑問には理があると思える。「自由の相互承認」は近代社会の基本原理だが、現代資本主義を是認し擁護するものでしかなければ、無意味な概念であろう。『人間的自由の条件』では、たしかにそのような疑念が十分晴れるものとはなっていない。

そこで、この本のねらいは、まず、ヨーロッパ哲学から現われた「市民社会」や「普遍性」の理念が、なぜかくも大きな誤解にさらされているのか、そしてつぎに、「市民社会」の原理からは、現代資本主義の矛盾に対してどのような批判の根拠を提示できるのか、を明らかに示す点にある。

これを具体的に言えば次のようなことになる。

①哲学の基本方法とは何か。
②近代哲学による「近代社会」の根本理念とは何か。
③「近代社会」の、政治システムと経済システムの本質とは何か。
④現代社会の批判されるべき中心点は何か。それはなぜ生じたのか。
⑤現代資本主義はどこへ向かっているか。その矛盾を克服する可能性は、哲学的にはどう考えられるべきか。

東西対立の時代、われわれは資本主義か社会主義かという重大な選択肢の前に立っていた。それは、現代人にとって、一九世紀から二〇世紀にかけて近代の資本主義が露呈した大きな矛盾をどのように克服するのか、という大きな倫理的決断を意味していた。しかし多くの人々の期待にもかかわらず社会主義は成果を出せなかった。そしてさしあたり資本主義が唯一のオプションとして残された。

そもそも、「近代社会」の根本理念は、万人に「自由」と「享受」を解放するという点にあったが、これは人類史上はじめて現われた画期的なプロジェクトだったと言ってよい(その詳しい事情については後述する)。しかし近代社会はその経済システムから「資本主義」を生み出し、それはいま〝世界資本主義〟となりつつある。そして、世界資本主義は、格差を拡大しつつ地球を消費し尽くすような不穏な性格をもち、かつそれを自己制御する条件を、いまのところ含んでいない。

この事態はいま新たな選択肢をわれわれに突きつけているが、それは、前の選択肢と少し性格を違《たが》えている。新しい選択肢は「あれか、これか」つまりどちらが正解か、というものではない。われわれはいまや、現在ある資本主義を〝持続可能かつ正当化されうる〟資本主義に変えられるか、それともそれを放置するほかないのか、という選択肢の前に立たされているのだ。

そして、この課題に応《こた》えるためには、現代のさまざまな批判思想ではなく、まず近代哲学に立ち戻らねばならないとわたしは考える。なぜか。近代哲学が「近代社会」の理念的本質を形成したからであり、さらに、現代の批判思想がその本質を捉《とら》えそこねているからである。資本主義は近代社会の本質から現われたものであり、資本主義の本質を捉えるには、まず近代社会の本質を把握しなくてはならないのだ。

現在、多くの批判思想は、近代社会と近代的人間像の理念を否定し、これを超えようとしてさまざまな諸理念を持ち出している。しかし、それらは虚妄の希望である。そこで、わたしはここでその哲学的な〝不可能性〟を示そうと思う。そのことなしにわれわれは先に進むことができない。

現代のポストモダン的批判思想は、近代社会の本質を適切に捉える前に、これを相対化し無化しようとした。それは近代社会の核心をなす普遍性、合理性、理性、原理、制度といった諸概念を〝拒否〟してきた。つまり「近代」の〝克服〟に向かうのではなく、その諸理念の〝打ち消し〟をめがけたのだ。しかし、このような試みは、ニーチェのいうところの〝反動思想〟、直視する代わりに否認する思想となるほかはない。

わたしは別の考え方を提唱したい。近代社会の本質を明示し、そこから資本主義がどのような性格をもって登場し、それがなぜ近代社会の本来の理念からかけ離れたシステムとなったのか。そのことを明らかにしなくてはならない。そのことではじめてわれわれは、現代社会の何を批判すべきかを明確につかむことができるだろう。

ともあれ、現代資本主義の進み行きは、多くの時間の浪費を許さないものだ。人間社会は、一つの方向に踏み出すための新しい〝意志〟と〝合意〟を必要としているのであって、そのためにはなんらかの明確な「仮説」が必要なのだ。ちょうど近代社会のはじまりがそうであったように。

第一章　哲学の基本方法

1　哲学の「原理」とは何か

いま、哲学について大きく二つの考えが流通している。

①「世界とは何か」という問いには答えがない。しかしこの答えのない問いを、どこまでも問い続けるのが「哲学」の本領である。（形而上学《けいじじょう》としての哲学）

②哲学は、「世界とは何か」という答えの出ない問いを延々問い続けてきた。それはいまや無用で時代おくれである。このことを指摘することが、現代の哲学の重要な使命である。[*1]（反哲学としての哲学）

＊1　①の代表は、ヤスパースの『哲学入門』での哲学観。ハイデガーの後期「存在論」も、形而上学に近い。②の代表はまずマルクス。「哲学者はただ世界を解釈していたにすぎない。問題なのはこれを変革することだ」（「フォイエルバッハ・テーゼ」）。つぎにヴィトゲンシュタインの言葉、「語りえぬことについては、沈黙しなくてはならない」（『論理哲学論考』）。そして最後に、ジャック・デリダの「現象学は真理への野望をもっている」（『声と現象』）。つけ加えれば、オーギュスト・コントは『実証精神論』で、人間の思考法を、神学的思考、形而上学的思考、実証主義的思考に分類し、近代哲学は形而上学的思考法であり、現代の思考は実証主義的でなければならないと主張した。これは現代の実証主義的人文科学の一つの源流になった。

だが、わたしの考えでは、二つとも恐ろしく馬鹿げた誤解の結果である。まずはじめの、「形而上学」が世界についての答えの出ない問いであるというのは、その通り。つぎの、哲学はこの形而上学的問いを延々問い続けてきたにすぎない、というのはまったくのデマゴギーだ。その具体的証拠をあとで示そうと思うが、さしあたり言うと、優れた近代哲学者で「形而上学」をもてあそんでいた人物はほとんどいない。

アリストテレスをひくまでもなく、「形而上学」は哲学の一分野だった。しかし近代哲学の最大の功績は、形而上学としての哲学を打破して、「原理」の学としての哲学をもう一度立て直した点にある。

哲学は「原理」の学である。こう言うと、それが問題なのだ、「原理」は絶対的「真理」の観念を擁護するから、という意見がかえってくるかもしれない。だが、このような通念こそ、現代思想や分析哲学が作り上げてきた哲学についての誤った表象（イメージ）なのである。

哲学は、インドでも中国でもギリシャでもほぼ紀元前五、六世紀に登場した。哲学以前に存在したのは宗教だが、哲学の思考法の特質は、宗教の方法と比較するとよく理解できる。宗教も哲学も一つの根本的な世界説明といえるが、宗教の基本方法は「物語＝神話」を使う点にある。

たとえば旧約聖書（ユダヤ教の教典）の「神話＝物語」はこうだ。はじめに神が六日で世界を創造し、つぎに大地から男を、そして男のあばら骨から女を創り、それぞれアダムとイヴと命名して楽園に住まわせた。だが人間は禁断の木の実（知恵の木の実）を食べ、罪に堕《お》ちた。神の怒りによって、以後人間は死すべき存在となり、男には日々の労働の苦しみが、女には産みの苦しみが課せられた、等々。

この短い「物語」のうちに、たとえば「なぜ世界は存在するのか」、「なぜ人間は生きて苦しむのか」といった、世界と生についての根本的な「問い」に対する「答え」が示されていることが分かるだろう。つまり、宗教は「物語」によって、「世界」についての根本的「意味」を人間に与えるのである。

さて、ギリシャ哲学の発祥のシーンは以下のとおりである。ミレトスのタレスがまず「万物の原理は水である」と説いた。つぎにその弟子のアナクシマンドロスが万物の原理は「無限なるもの〈ト・アペイロン〉」だと主張し、さらに弟子のアナクシメネスが「空気＝息〈プネウマ〉」こそが「原理」である、と主張した。この経緯から、宗教の世界説明とははっきり違った、哲学の思考法の基本性格を取り出すことができる。

哲学の独自の方法を整理すると、以下の三点になる。

①「物語」を使わず「概念」を使う。物語は共同体の枠を超えられないが、「概念」はどの文化にも存在するので、哲学の世界説明は共同体の限界を超え出る。

②「原理」（アルケー）を提示する。「原理」とは「真理」ではなく、思考の出発点（起

源）とすべきものを「キーワード」として提唱することを意味する。
③つねに「再始発」する。タレスの弟子たちに見たように、哲学では、宗教のように始祖の言葉を聖化せず、先行者がおいた「原理」の矛盾や不十分さを指摘して、これをもっと適切な「原理」に置き換えてゆく。
こうして、哲学の基本方法を、「概念」「原理」「再始発」という三つの基本ルールで示すことができる。この哲学の方法には功罪があるが、最大の意義は、概念や原理を使うことによって、世界説明が「共同体」の限界を超えて「普遍性」をもつにいたるという点である（もっと詳しい説明は、『近代哲学再考』二〇〇四を参照）。

「宗教のテーブル」と「哲学のテーブル」

わたしは宗教と哲学の違いを説明するのに、よくつぎの図を使う（次ページ）。
宗教のテーブルでは、まず、ある常人離れしたカリスマ的人格の持ち主が現われて何かを言い出すが、その言うところは人々をしてただ者でないと思わせるものをもっている。重要なのは、ここで人々の間に、彼が、人間にとって何かとても重要なこと、人間が生きて求めるべき大事なことについて語っており、そしてそのような重要な問題についての「真理」をこの人物は知っているにちがいない、という共同的な「信憑《しんぴょう》」が生じるということだ。そういう場面で、「宗教のテーブル」（宗教教団）が成立する。

「宗教のテーブル」では、「真理」を認識している人間、あるいはそれを隠した言葉が確かに存在するという「信」が人々に分かちもたれる。そのことによって、真理が存在し、それはある言葉（や行為）で表現されうるという前提をルールとして、みながそれを探し合うゲーム、いわば「真理を探し合うゲーム」がここでは成立する。またこのゲーム自体が、それに参加する人々にとって生の重要な理由になる、ということが起こる。そういうことのうちに宗教の営みの重要な本質の一つがある。

これに対して、「哲学のテーブル」ではつぎのようなことがみられる。

「宗教のテーブル」と「哲学のテーブル」

宗教のテーブル

真理の言語ゲーム

哲学のテーブル

普遍性の言語ゲーム

哲学の原型は、初期プラトンのソクラテス対話篇を読むとよく分かる。ソクラテスはポリスのアゴラ（広場）で若者をつかまえては議論を吹っかける。君は「勇気」の本質をどう考えるかね、と。議論の輪ができ、人々が集まってくる。その中にはソフィストもいる。ソクラテスは詭弁《きべん》を弄《ろう》するソフィストをやりこめ、人々は、ソクラテスの議論を聞いて彼のいうことをもっともだと評価する。ソクラテスもプラトンもそんな仕方で哲学者として認められていった。

「哲学のテーブル」は、ハンナ・アレントの言う「公共性のテーブル」に似ている。さまざまな生活を営み、さまざまな意見をもつ人々がテーブルの周りに集まってくる。それは人々を分け隔てつつ、ある公共的なテーマの場所に立たせる。

このテーブルは出入り自由である。誰か（たとえばタレス）が、自分は世界を説明するのにこう考えたい、と言い出す。じつは昔神様が世界を作った、などという「物語」は国によってみなバラバラだし、そもそも誰も検証できない。その代わり、自分は、世界にはある基本原理（最小単位）が存在し、これが組み合わさって複雑な森羅万象を作り上げている、と考えてみたい。そして、この「最小単位」としての「原理」（アルケー）を「水」と呼びたいが、どうだ。これがタレスの提案である。

ミレトスはギリシャ対岸にある、小アジアの植民市。西はギリシャ、イタリア、東はペルシャ、インドを結ぶ交易の中心地で、そこにはさまざまな文化、宗教をもった人々が集まっていた。ここでは、宗教的な神話は互いに異なりすぎているため共通言語にならない。「概念」を使うことによって、人々は共同体の限界を超えて〝普遍的〟な話法を手に入れたのだ。哲学のテーブルには誰でも参加できる。だからそれは、世界説明についてのオープンでフェアな言語ゲームとなる。[*2]

＊2 「言語ゲーム」はヴィトゲンシュタインが『哲学探究』で使った概念。世界は多様な言語ゲームからなる。学問、たとえば、数学、歴史学、哲学など。宗教や日常生活なども、それぞれ独自のゆるやかなルールによって営まれる言語ゲームだと見なされる。

ここで議論の優劣を判定するのは、特定の権威ではなく、多様な価値観と考えをもった不特定な一般民衆である。人々は、ある問題を深く考えるには、どのような言葉（原理）を思考の出発点とすればよいかについて、さまざまなプランやアイデアをキーワード（＝原理）の形でテーブルの上におき、これを競い合い、試しあってその言葉を鍛えてゆく。だから弟子といえども師匠の言葉を聖化せず、どんな「言葉」（原理・概念）がより普遍性をもつかを探すことになる。

こう見ると、宗教と哲学という二つの「言語ゲーム」の特質の違いが明らかになる。宗教の本質は、人間の生の意味を支えるような何らかの「真理」を共同的に探し求める「言語ゲーム」であるといえる（橋爪大三郎《はしづめだいざぶろう》の『仏教の言説戦略』に卓抜な解説がある）。このゲームに参加することで、とくに、世俗の生活ゲームを生きることによっては生の意味を満たされないタイプの人々も、新しい生の理由を見出すことができる。

だが、「宗教のテーブル」には弱点もある。宗教教団という共同体は、より大きな権威を必然的に必要とする。さもなくば他の教派との競争に破れて存続できない。そこで教祖の言葉は聖化され、絶対化され、「真理」そのものと同一視されるという傾向が現われる。宗教の初期集団で見られる、人間の真善美の「ほんとう」をみんなで求めるという「真理のゲーム」は、教団が権力と結びついて強力になるに従って、絶対的で不可侵の「真理」を時代と支配の形にあわせて配給する「権威のゲーム」に変わってゆく。つまり、それはしばしば絶対的「真理」に守られた「権威のゲーム」に転化する傾向をもつ。

これに対して哲学のテーブルは、「真理のゲーム」ではなく、基本的に「普遍性のゲーム」（あるいは「普遍洞察のゲーム」）だといえる。

誰かが「原理」（キーワード）をおく。するとその言葉の不十分さがテストされる。そこでつぎの人間がもっと包括的な「原理」を見出す努力をする。「物語」は世界の意味をいわば何とでも言って創り出す。哲学はちょうどそれと逆向きの努力をする。それは、これこれの問題については誰もがそう考えざるをえない、という道すじを探して進む。だからそれは共通概念を用い、つねにみなが納得できる思考の始発点（＝原理）を探究しなおそうとするのである。

たとえばわれわれは、自然科学の基礎概念が、現象（つまり実験や検証）によって試され、より鍛えられていくことを知っている。自然科学のこのような展開は哲学の方法に似ているのではない。むしろ、タレスから始まったイオニア自然哲学（そう呼んだのはアリストテレスだが）の方法こそが、その後の自然科学全体の方法の基礎となったのである。しばしば言われるのは、哲学と科学はまったく異なる思考法であり、そこにはどんな共通点もないといった通説である（科学は明確な答えを見出すが、哲学は答えをもたない等々）。だがそれは転倒した誤解にすぎない。われわれはむしろこう言わねばならない。まず、哲学の根本性格は「真理」を求める言語のゲームではなく、ことがらについての「共通了解」（普遍的知識）を求める言語ゲームである。そのことで哲学は自然科学の基礎方法となったのだ。

しかし、近代の自然科学は、自分自身を「共通了解」の創出の言語ゲームではなく、「真理探究」のゲームだと誤解した。さらに、近代の人文科学は、形而上学としての哲学ではなく、自然科学の方法こそ、人間と社会の認識の基礎方法となるべきだと考えた。フッサールが指摘したように、これらは近代についての大きな誤解の連鎖だった。

わたしはつぎのように言っておこう。哲学が自然科学ほど明確な「答え」、つまり共通了解（客観性）を簡単に生み出せないのは、その認識対象（＝人間と社会）の独自性のためであって、方法が違うからではない。現在、哲学がどんな領域においても明確な答えをもてないでいるその第一の理由は、現代哲学が、見てきたような哲学の方法的本質を見失っているからなのである。

さて、哲学の方法への誤解は、一九世紀の半ば以来のものであり、きわめて深い根をもつものだから、わたしとしてもこんな基礎的な哲学の像によってその誤解が解けるとは思っていない。しかし、わたしがここではじめに示しておきたかったことは、つぎの二つの点である。

まず第一に、哲学の根本方法は「真理のゲーム」ではなく「普遍性のゲーム」であり、それは「原理」（キーワード）を鍛えてゆくという独自の方法をもつこと。どれほど複雑に見えても、優れた哲学の思考はこのような方法の積み重ねによっており、そこからもっとも本質的な「原理」を取り出して示すことができる、ということである。この後、その実例をはっきり示すことができると思う。

第二に、近代哲学は、自然科学の方法と連携しつつ伝統的な宗教的世界観を打ち倒して現われたが、やがて、自然の探究についてはこれを自然科学に任せ、社会と人間存在についての「原理」の探究に自らを限定したこと。そして、この領域で、近代社会についての、現在もなお妥当しつづけている決定的に重要ないくつかの「原理」を生み出してきたこと。また、このことを明瞭《めいりょう》に示すのが、以下の論考の大きな目的であり、さらに、はじめに述べた現代的課題と向き合うためには、この近代社会の諸「原理」の場面から再始発すべきだというのが、わたしの中心的主張である。

そういうわけで、次の節以降、近代哲学が人間と社会について、どのような本質的な「原理」を見出していったかをできるだけ簡明な形でたどってみたいが、まずはじめの例として挙げたいのは、カントの「形而上学」批判の原理である。

2 形而上学の不可能性を示したカント

近代哲学は基本的に観念論哲学であり、したがって独我論や主観性の方法にすぎないという批判はかなり一般的である（マルクス主義、ラッセル、ハーバーマスその他）。しかしこれもまた哲学の方法についての転倒した誤解の一典型だ。

カントは自分の方法を「先験的観念論」と名づけた。観念論の方法の意義について明確な自覚をもっていたからだ。つまりそれは、実在論（世界の客観的実在性から出発する思考）の本質的弱点を克服するための方法を意味していた。カントのこの方法がもっとも実を結んでいるのは、『純粋理性批判』の「アンチノミー」の議論においてである。

ここでカントは、まさしくこの問題については誰もがこう考えるほかはないという哲学的「原理」の典型的な例を提示している。だが、観念論を主観性の哲学であるという言い方で批判する現代の多くの哲学者たちは、その意義をほとんど理解していない。哲学が

「真理」の学ではなく、普遍的な「共通了解」の言語ゲームであることのはじめの例として、カントの「アンチノミー」の議論を取り上げてみよう。

オーギュスト・コントは人間の認識を、神学的思考、形而上学的思考、実証主義的思考に区分したが（『実証精神論』）、彼の卓抜な定義では、「形而上学」とは、ものごとの「根本原理」や「究極原因」を問おうとする思考法である。かつて神はこの世の根本原理、究極原因を意味したから、神の存在を追究した中世哲学は基本的に形而上学だったが、「世界の根本原理」を追究した点では近代哲学もまた形而上学を踏襲している。だが、いまや形而上学の時代は終わり、科学の合理的方法を用いた実証主義的思考がとられなくてはならない。そうコントは主張した。

しかし、近代哲学が「形而上学」を追究したというのは、コントの勘違いで、そういう哲学者もいたというにすぎない（スピノザ、バークリー、フィヒテ、シェリングなど）。形而上学の本質的な不可能性をはじめに「原理」として示したのはヒュームだが、決定的な仕事はカントによって果たされた。ずっと後にプラグマティズムやヴィトゲンシュタインも似た仕事をしたが、方法的には相対主義によるものであり、ヒュームの現代版であって、カントの形而上学批判ほど本質的とは言えない。いまそれを確認してみよう。

カントは『純粋理性批判』で「アンチノミー」(二律背反)という独自の議論をおこなっている。彼によれば、人間は大昔からさまざまな仕方で「世界とは何か」を問い続けてきたが、この問いを追いつめて整理すると、以下の四つの問いにまとめることができる。

①世界の時間的始まりと、宇宙の限界はあるのかないのか?(世界の量的限界の問い)

②物質の最小単位はあるのかないのか?(物質はどこまでも分割可能か否か→世界の質的極限の問い)

③世界の変化はすべて自然的因果法則によるのか、それとも「自由」という絶対的な原因があるのか?(世界の因果性についての根本原理)

④一切の究極原因としての「必然的存在者」(=神)は存在するか否か?(世界の究極原因あるいは絶対的必然性の問い)

①と②は、ビッグバン理論や超ひも理論など、現在でも物理学の先端的な問いとして生きている。人間は、世界の「根本原理」や「究極原因」を問わずにはいられないような存在なのだ。ともあれ、カントは、「世界とは何か」という問いをこんなふうに独創的に整理したあと、これに驚くべき答えを与える。つまり、この世界の「根本原理」と「究極原因」の問いに人間は決して答えられない、そしてなぜ答えられないかについては、これを原理的に〝証明〟できる、と言うのだ。

この証明の議論が「アンチノミー」(二律背反)と呼ばれる。論証の詳細は省略するが、要点は以下のとおりである（さらに詳しくは、竹田『人間的自由の条件』を参照）。

カントはまず、「世界の始発点は存在する」（正命題）と、「始発点は存在しない」（反命題）の両方を証明してみせる。このことで、両方の証明が権利的に等価であることを示してその〝決定不可能性〟を証明する、という仕方で、「決して答えられない」を導く。その中味はいわゆる「帰謬論《きびゅう》」とか「背理法」とか呼ばれている論法（相手の議論が矛盾に陥ることを示してその誤りを証明し、そのことで自分の正しさを主張する議論）で、いわば「形而上学」のカント流の〝脱構築〟である。ただし、帰謬論につきまとう危うさもある。

たとえば「世界には時間的始発点がない」を否定する議論は、単純化するとこんな具合だ。「もし世界に時間的始発点がなければ、今の時点までに無限の時間が経過していることになる。無限の時間のうちには、時間の継起の無限のプロセスが過ぎ去ってしまうはずだ。しかし、時間の無限の継起が〝過ぎ去る〟ことはありえないので、ここまでの時間は有限と考えるほかはない」と。だが、この議論は誰もが納得できる〝証明〟とは言い難い。これはゼノンのアキレスと亀のパラドクスと同じで、「無限」の概念を〝実体〟視した議論なので、〝何とでも言える〟ものになっているのだ。しかしわたしの考えでは、にもかかわらずカントは、〝問題の本質〟をつかんでいる。

まず、カントの議論の第一のポイントは、「始発点は存在する」と「しない」のいずれの証明も、論理的に〝等価〟であるために、どちらも決定的な優位をもてない、という点である。これについてさまざまな説があるが、ここではべつにカントに即して考える必要はない。ここが大事だが、このような「問い」は、本質的に経験的な検証（実証）をもちえないので、純粋な推論の能力に頼るほかはないが、その道すじは必然的に唯一ではありえない、ということが理解できれば、誰でもカントの言い分に同意することができる。

べつの言い方をしてみよう。世界の時間的なはじまりがどうなっているか、神のような至上存在が存在するのか、ひとことで言うと、これらは世界についての「極限の問い」である。それはたとえば、「そもそもなぜ世界が存在し、一切が無であるのではないのか」（ライプニッツやハイデガーがそう問うた）という問いと同じで、いわば、もしそれに答えることができれば、一切のことに答えが与えられる、といった究極の起源的問いだ。しかし、じつは誰もこの「極限の問い」（形而上学）に答えることはできない。

こういった「極限」の問いに答えられないことは原理的であって、たとえば、フッサールはこれを「内在‐超越」の概念でもっと厳密に示している（フーコーも『言葉と物』で、同じことを近代の知における起源論や根源論の不可能性の概念で示したが、これも相対主義的な否定で十分原理的とはいえない）。

だから重要なのは、カントの議論の厳密さというより、その問題設定の卓越性である。カントはこのあとで、「神」の概念を救出するためにいまなら無駄と思える試みをしているが、それも問題ではない。彼が「アンチノミー」の議論によって、認識問題についての一つのきわめて重要な「原理」を、つまり人間は決して「極限的な問い」には答えられない（＝事実についての絶対的真理というものは存在しえない）という「原理」を、この時代にはっきり示したこと、これがなにより決定的なことだった。

このカントの「原理」（それを「形而上学の不可能性の原理」と呼んでおく）の射程と意義は、哲学的にはきわめて広く深いので、ここでは二つの点を挙げておこう。

まず一つは、アンチノミーの議論は、これまで解けなかった「世界観の対立」の本質とその意味をはっきり解明しているということ。

たとえば、「純粋理性の独断論の関心」という箇所で、カントは、アンチノミーで「正命題」に属する答えの系列（世界の始発点は存在する、物質の最小単位が存在する、自由はある、神は存在する）を、世界についての「独断論的」系列と呼び、それは次のような「関心」（動機）を隠している、と言う。「独断論的」系列の答えを支持する人は、およそ心根が素直で正しい人に典型的にみられる「世界観」の持ち主で、彼は世界のしっかりした秩序や人間の自由と責任、そして最高存在者を認めたいと考えている。これは「道徳および宗教」感情の礎石をなすような世界観である、と。

これに対して、反対の系列（世界の始発点は存在しない、物質の最小単位も存在しない、「自由」は存在しない、神は存在しない）の性格は、「懐疑論的」である。一般的には正命題の系列が親しみやすく人気があるが、哲学的な論理としては後者が強力で、理屈好きの人、世の中の常識を安易に受け入れたくない人が多くこの世界観に与《くみ》する。独断論的動機は、宗教性や道徳性の秩序についての「善意」から出ているが、それは「教義」の押しつけなどに結びつくことがあるから、その点では懐疑論的な動機も大きな意義をもつ、云々《うんぬん》……。

ここは何度読んでも見事なところだ。つまりこれは、なぜ大昔からさまざまな「世界観」の対立が存在しているのかについての、一つの決定的な〝解明〟になっている。「世界観」の対立（信念の対立）は、正しい認識と正しくない認識の間に生じるのではなく、「世界についての極限の問い」をめぐっていくつかの可能な、そして等価な推論が存在するときに生じる。どの推論も原理的にはただ蓋然性《がいぜんせい》しか示すことができないのに、さまざまな傍証をおくことで自分の「確信」を強化しようとするからだ。まさしくカントの洞察は、事態の本質をついているのである。

しかしそれだけではない。ここでもっと重要な点は、「アンチノミー」の議論は、伝統的「形而上学」の根拠を取り払い、そのことで一つの本質的な〝絶望〟を人々にもたらしたということである。

カントの「原理」は、要するに、それまで哲学（スコラ哲学）の本流であった「神の存在様態」や「世界の形相」といった議論がすべて「極限の問い」であり、決して答ええないことの理由を〝解明した〟。このことで何が起こったか？　象徴的に言えばこんなことになる。

近代のはじめ、プロテスタントに代表される新しい信仰の形がおびただしく現われ、多くの志ある若者は「真の信仰」という観念に激しくつかまれていた。「真の信仰」のありようをつかむこと、そこにこの世のさまざまな矛盾を克服する道が存在するはずだ、と多くの人間が考えた（ルターやカルヴァン、さらにデカルトやスピノザの宗教論にもその痕《こん》跡《せき》が見出せる）。しかし、カントの「原理」はこの観念を決定的に打ち砕いた。何が「真の信仰」であるかは「極限の問い」であって、答えが存在しないからである。

このカントの原理は一方で、多くの志ある若者に深い絶望をもたらしたに違いない。真の信仰をつかむことで自分の「ほんとう」の生き方を見出したいという欲望が、そこで潰《つい》えるからだ。しかし一方で、むしろこの深い絶望が新しい可能性をもたらしたのだ。カントの「原理」は人々に「真の信仰」を見出そうとする欲望を断念させ、そのことが、「社会」の構造の解明とその変革という新しい可能性の道をはじめて押し開くことになったからである。

かつて長く人々は、金を合成することができるという夢、つまり「錬金術」の可能性を捨てることができず、おびただしい努力がそこに注ぎ込まれた。しかし錬金術への可能性は、金が合成されえない単一の元素であるという「原理」が見出されることによって終焉《しゅうえん》する。このとき人々の欲望ははじめて新しい現実的な可能性へと向け変えられる。

同じことが哲学の思考においても言える。近代哲学は、けっして形而上学的な問いによって世界を解釈し続けてきたわけではない。カントの「原理」だけを取り上げても、それは現在の実証科学がまだ十分に自覚していない認識上の「原理」を、決定的に先取りしていることが分かる。こういった哲学的な「原理」は、一度見出されると後戻りが不可能になるような決定的な思考の変化を生み出してきたのだ。この後、わたしはこのことをもっと具体的に確証してみたいと思う。

第二章　近代社会の基本理念

1 ホッブズ、ルソー、そしてヘーゲル

もう一度問題を確認しよう。現代資本主義の矛盾を克服するためには近代社会の根本原理を再吟味する必要がある。これが出発点だった。そのために、近代国家の「政治」と「経済」の仕組みを、もう一度、できるだけシンプルな「哲学原理」として取り出してみなくてはならない。だからここでは、議論をかなり簡潔化することになるだろう。事態の単純化はその本質を見えなくするという考えもある。しかしわたしは『人間的自由の条件』で個々の問題について詳細な議論を行なったから、この本では、その目的に即して、できるだけ事態をシンプルに示すことにしたい。

さて、まず言うべきことは、近代社会の基本理念を作り上げたのはヨーロッパの近代哲学者たちだったということだ（だがこれは、一般的にはさほどよく理解されてはいない）。そして、デカルトからヘーゲルにいたるまで、どの哲学者もそれぞれに近代社会の哲学的構想を行なったが、いまその基本の輪郭をできるだけ簡潔に描こうとすれば、ホッブズ、ルソー、そしてヘーゲルという三人の仕事を通覧するのがよい。この三人の社会哲学に、近代社会（近代国家）の理念のもっとも本質的な基本形が凝縮されているからだ。

わたしはそのキーワードをはじめに示しておこう。「普遍闘争原理」（ホッブズ）、「社会契約」「一般意志」（ルソー）、そして「自由の相互承認」（ヘーゲル）である。

まずホッブズは『リヴァイアサン』で、「万人の万人に対する戦争」というキーワードをおいた。これは「国家」の存在理由についての、はじめての哲学的原理というべきものだった。人間社会は、もし強力な統治権力を欠けば必ず普遍的な暴力状態に陥る。これがその原理である。つまり、国家の本質的な存在理由はこの普遍暴力状態を制御することにあるが、そのもっとも合理的な考えの順序を、彼は、「自然権」や「自然法」という概念で示した。

このホッブズの考えを出発点として、多くの近代哲学者たちは、自らの社会原理の探究を推し進めた（スピノザ『神学・政治論』『国家論』、スミス『国家論』『法学講義』、ヒュ一ム『市民の国について』等々）。しかし、ホッブズの次のビッグネームを挙げればロックである。ロックの考えのポイントは「天賦《てんぷ》人権論」。人々が、その生来の権利を合意によって結合し公共の手に委《ゆだ》ねるとき、近代的な「政治国家」（市民国家）が現われる。人間は生来「自由」で「平等」であり、したがって自由な市民どうしの結合による政治体としての近代国家が成り立つというロックの考えは、現在、われわれにとってほぼ常識となっている近代社会の基本像だ。しかし、哲学的な「原理」という観点からは、ロック以上に決定的な意義をもつのはルソーである。

よく知られた『社会契約論』で彼は、自由な個人の「社会契約」として形成される市民国家と、その統治の原理としての「一般意志」の概念をおいて、ロックの考えをさらに推し進めた。わたしは、ここで、ホッブズとルソーの「社会原理」を哲学的な観点からもういちど検証し直してみたい。それらは一般的に理解されている以上の本質的な意味をもっているからである。

ホッブズの「普遍闘争原理」

まずホッブズ。彼は『リヴァイアサン』を書き、「近代国家」の主権論に先鞭《せんべん》をつけた（その前に、『君主論』のマキャヴェリや『国家論』のボダンがいるがまだ伝統的国家観の枠内にある）。彼のキーワードは「万人の万人に対する戦争」だが、わたしはこれを「普遍闘争原理」と呼ぶことにする。*3

＊3　そこでは「各人が各人にとって敵」であり、勤労の果実が不確実なので、生活の中に勤労の占める場所もなく、生活のためのさまざまな技術、工夫、文字、社会なども存在しえない。何よりそこには「絶えざる恐怖と、暴力による死の危険」があり、「そこでは人間の生活は孤独で貧しく、きたならしく、残忍で、しかも短い。」（永井道雄他訳、『世界の名著28』中公バックス、一五七頁）

人（あるいは共同体）は誰であれ、自分の生命と財産の維持のために、実力（暴力）を使って自分の身を守る当然の権利をもっている（自然権）。そこで、人間社会は、もし強力な統治権力がなければ、相互不信のために、不可避的に普遍的な闘争状態に陥らざるをえない（「自然状態」）。この普遍闘争状態を制御する「原理」はただ一つで、全員の「自然権」を誰かふさわしい人物に譲り、強力な統治権力を作り上げることだ。そのことではじめて「私闘」が禁止され、統治と秩序の状態が現われる。この原理を彼は「自然法」（理性の法）と名づけた。

　ホッブズのこの「原理」に対してさまざまな批判がある。ホッブズは王権論者であり、専制を擁護している、暴力を肯定し人間性悪説である、その他もろもろ。だが、わたしの考えでは、ほとんどのホッブズ批判は、彼の「原理」の核心をつかんでおらず、原理自体の批判にはなっていない。またこれから示すようにそれは不可能である。

　たしかに、ホッブズの言い方にはスキがある。彼の「自然法」を言い直すと、〝各人（各勢力）が武力行使の権利を捨て、相互の契約によってしかるべき者に超越権力（人々の上に立つ統治権力）を委託せよ〟という命法（命令文《インペラティブ》、汝《なんじ》の隣人を愛せよ、は宗教的命法）になる。イギリスは古来、イングランド、ウェールズ、スコットランドなどに分かれ、百年戦争やバラ戦争、そしてピューリタン革命など、まさしく普遍闘争状態が続いていた。そこで、ホッブズの意は、これ以外には誰が考えても戦争を抑止する原理がないのだから、各勢力は、現にある王権に権限をゆだねよ、その代わり王は、その勢力の財産や権利をしっかり確保する政治をせよ、さもなくばイギリスの戦争状態はいつまでも続くほかはない、というにあった。

だが、現実には、相互の不信や疑心暗鬼があるので、はじめに自ら進んで武力を捨て、王権に自分の権限を委ねようとするものはいない。そんなことをすれば、たちまち近隣の勢力に打ち倒されるかもしれないからだ。この意味では、ホッブズの説は、ただ原理論としてだけ正しく、それをいかに〝実現〟するかについてのプランがない。そこにいろいろつけ込まれて批判される余地がある。

しかし、哲学的な観点からは、現実のプランと「原理」とは別であって、なぜ戦争が起こるのか、またそれを抑止する原理は何か、についてホッブズが示した考えは、簡明にして動かしがたいものである。それをわたしは、「普遍闘争原理」と「超越権力の原理」と呼ぼうと思う。

なぜ戦争が起こるか？　それまであった〝理論〟は、たとえば「神の御心」であるとか、敵対する社会（共同体）の神は邪悪な神であるとか、戦争は自然の災害のようにやってくる、といったものだった。現在でも、国家同士の利害対立や権力者の欲望だとか言われたりする。しかし核心をついたものとは言えない。彼は言う。さまざまな問題について「その原因と本来的な構造を知らない者は、慣習と先例を自己の行為の法則にしがちである」

（前掲書、一三七頁）。戦争は、神の摂理とも自然の摂理とも無関係である。はっきりとその原因があり、それを「原理」としてつかむことができる。そして重要なのは、その「原理」を見出すことは、同時にそこに戦争を抑制する原理を見出すことでもあるということだ。ホッブズははっきりそういう自覚をもっていた。

動物では、自然が決めた体力の差異が個体間の自然な秩序を定める。人間はそうはいかない。「もっとも弱い者でもひそかに陰謀をたくらんだり（略）共謀することによって、もっとも強い者をも倒すだけの強さを持っている」（前掲書、一五四頁）。このことが相互の不信を増大させるために、強力な統治のないところ、人間共同体は必ず弱肉強食の戦争状態におかれざるをえないのである。

この説に対して早くから反論があった。ロックは、人間の自然状態とは神の秩序が生きていた平和な時代だったと主張し、ヴォルテールやルソーもホッブズの考えを批判した。ルソーは『人間不平等起原論』で、自然と格闘しつつぎりぎりの生存条件で暮らしていた未開の人間は、戦争をする動機をもたない、と書いている。[*4] ルソーの言い分はもっともだが、それでもホッブズ説への有効な批判とはいえない。なぜなら、ホッブズの「普遍闘争状態」は、まさしくロックやルソーのいう「自然（原始）状態」の〝後に〟現われ、以後、人類にとっての絶対的な運命となったからだ。

＊4　「結論をつけよう。森の中を迷い歩き、生活技術もなく、ことばもなく、住居もなく、戦

争も同盟もなく、同胞を少しも必要としないが、また彼らに危害を加えることも少しも望まず、おそらくは同胞のだれかを個人的に覚えていることすらけっしてなく、未開人はごくわずかな情念に従うだけで、自分だけでことが足り、この状態に固有の感情と知識の光しかもっていなかったのである。」（小林善彦訳『人間不平等起原論』一四八頁）

このホッブズの「原理」をもっと明瞭《めいりょう》にするために、彼の説を少し補ってみよう。

現在の古代史の知見では、新人類（ホモ・サピエンス）の登場が約一五万年前（諸説あり）、農耕を主とする定住が始まったのが約一万年前、そしてはじめの「文明」の登場が約四〇〇〇年前（シュメール、エジプトほか）、とされる。そして「文明」の発生は、専制権力の登場を意味する。巨大建造物は、権威、権力、財の集中がなければ不可能だからだ。

さて、問題なのは、農耕や定住の開始から「文明」の登場までの間に何が生じていたか、ということだ。古代史の知見はわれわれに次のような類推を許す。

「定住」は財の蓄積を生む。これは、ふつうに考えれば、人類史上画期的な生活テクノロジーの革命だったはずだ。しかし、わたしの考えでは、「財の蓄積」は、人類にとってむしろ決定的な不幸と悲惨の開始点となった。まさしくここから人間どうしの普遍闘争状態がはじまったからである。

たとえば、ある共同体が自然災害や飢饉《ききん》などで食料を確保できず、生き延びることが難しい状態に陥ったと想像してみよう。このとき、もし近隣にそれほど強力でない別の共同体があったとすると、この共同体が生き延びる可能性は、実力による略奪や侵略以外には存在しない。そして、このような生存のための「闘争＝戦争」という事態が何度か起こるや、その時点から、原始共同体は決定的にその存在性格を変えることになる。なぜなら、これ以後すべての共同体は、自分たちも略奪され滅ぼされるかもしれないという恐るべき可能性に直面し、これに対処するため自らをいわば「戦争共同体」とせざるをえないからだ。

こうして、農耕、定住、蓄財という生活テクノロジーの偉大な進歩は、結果的に、一切の共同体から牧歌的な原始邑落《ゆうらく》としての性格を奪い取り、潜在的な「戦争共同体」となることを強いた。共同体が強力な戦闘集団となるには、強力なリーダー、専従の戦士たち、将軍、神官、武器生産者、そして、これらを養う一般農民、といった分業が必要となり、それはやがて固定化され、徐々に階層的支配構造をとることになる（宮崎市定《みやざきいちさだ》は、これを西アジア（シュメール）に始まり、ギリシャ、ローマを経て中国へと伝わった古代「都市国家」として想定している。〔宮崎市定『中国史』三八頁〕）。

まさしくルソーが述べたように、蓄財の発生以前には、人間はきわめて厳しい生存条件にあったとはいえ、少なくとも、誰も、誰にも〝隷属〟してはいなかった。だが、共同体が「戦争共同体」となり、「普遍闘争状態」が生じるや、あらゆる人間は「戦争共同体」

の役割関係に組み込まれ、もはや「自由」な人間は、〝支配する者〟を除いては存在しなくなる。共同体の存続についての不安と不信が、自分たちにとって脅威でありうる〝敵〟を、先手をとって制圧・支配しようとする潜在的要求を生み出す。ひとたび戦いによる侵略・支配が生じると、それは新しい大きな不安と不信を呼ぶ。こうして普遍闘争状態は決して避けられないものになる。*5

*5 「普遍闘争状態」を緩和する工夫は歴史的にはいくつかある。①贈与、②交易、③婚姻(部族統合)、④宗教統合、⑤勢力均衡(バランス・オブ・パワー)、⑥覇権の原理。これらのことは絶えず試みられたが、結局のところ、決定的な抑止の原理としては「覇権の原理」が最も決定的かつ本質的である。

ホッブズは、各人が自然権(=実力行使の権利)を放棄し、「超越権力」(公的権力)を創り出してそれに委ねる以外には、普遍闘争(あまねき潜在的戦争状態)を抑止する原理は存在しないと説いた。これは原理としては明らかに正しく、ロックやルソーやヴォルテールの批判が的を外している。だが、実際には、不信があるためにどの勢力も自分がまず「自然権」を放棄することはしない。そこで、歴史的には、普遍闘争を抑制する原理は、結局のところたった一つしか存在しなかった。より強大な戦争共同体が、より弱小なそれを制圧して支配関係を確立すること、つまり、「覇権の原理」である。

ヘラクレイトスが言ったように、「戦いは万物の父である。それだけが、ある者を奴隷とし、ある者を自由人とする」。つまり「戦い」だけが世界の秩序を決定する。つねにまず生死を賭《と》した戦争によって秩序は決せられ、その結果によって、他の勢力は最強者とみなされる者に自然権を譲り渡す。これが「覇権の原理」である。

人間社会がこのような「普遍闘争原理」と「覇権の原理」の繰り返しによって推移してきたことは、古代中国の春秋、戦国時代、古代オリエントのバビロニア、アッシリア、ペルシャに至る戦争の歴史などを通覧するだけで十分である。もちろんイスラム社会、ギリシャ、ローマ、ヨーロッパの歴史も例外ではない。歴史は、初期の普遍闘争状態の大きな帰結として、「古代帝国」という類型を示している。*6

*6　第一期が、紀元前三〇〇〇年から紀元前一五〇〇年前後の、エジプト古王朝、シュメールのアッカド王朝、インドのアーリア人の王朝、中国の夏《か》・殷《いん》朝であり、第二期のペルシャのアケメネス朝（紀元前五〇〇年頃―）、インドのマウリヤ朝（紀元前三一七年頃―）、中国の秦《しん》王朝（紀元前二二一年―）、そしてローマ帝国（紀元前二七年に帝政ローマとなる。後ローマ帝国へ）などである。

さて、ホッブズのまとめを置こう。

①ホッブズの示した「戦争の原理」は、簡明にして動かしがたい哲学的「原理」の一典型をなしている。人間社会は、秩序を保証するものがないかぎり、生命維持の不安と不信によって、絶えざる潜在的闘争状態にある。この不特定多数の相互不信の状態を決定的に

制御する方法はただ一つだけだ。つまり、全員が従う超越権力を創り出してここに実力（武力）を集めること。つぎにルールを設定してこれを犯すものにはペナルティを与え、そのことで利害や相互不信を調停することである。

歴史的には、戦争抑制の工夫として、贈与、交換、婚姻、宗旨統一、バランス・オブ・パワーなどがあった。しかし、実際には、これらすべての工夫を超えてつねに覇権の原理が働いてきた。つまり、人間社会は、定住と蓄財の発生以来、「普遍闘争状態」を脱することができず、「覇権の原理」だけがこれを抑制し秩序を打ちたてる唯一の原理だったのだ。しかしそうして現われた秩序も長くは続かなかった。より強力な武器や戦術、鉄器や馬の使用などによって勢力の変化が必ず生じ、それがつねに新しい覇権闘争を生み出しつづけるからだ。司馬遷《しばせん》の『史記列伝』、ヘロドトスの『歴史』、ツキジデスの『戦史』、ブルクハルトの『ギリシャ文化史』などで、われわれはこのことを動かしがたい事実として見ることができる。[*7]

＊7 中国の例を一つだけあげておく。「それよりのちは陪臣（諸侯の臣）がその国の執政者になりあがり、諸国の大夫（家老）たちはその職を代々うけついで、晋の国では六人の卿《けい》（大臣）が権力をにぎり、征伐をおこない同盟に加わって、かれらの威勢は主君をしのぐまでになった。田常《でんじょう》が簡公《かんこう》を殺して、斉の国の宰相となったころには、諸侯たちも全く気にもかけず、かれを罰するための共同の戦いを起そうともしなかった。四海の内の誰もが自分らの戦果をあげるこ

とを競っていたからである。とうとう晋は三つの国に分裂してしまい（前四五三年）、（田常の子）田和《でんか》が斉をほろぼして国を領有するに至った（前三七九年）。六国《りっこく》のさかんな時代は、ここに始まるのだ。国々はいずれも軍事力を強大にし敵国を併呑することに力をそそいだ。陰謀と詐術が使われて、合従連衡《がっしょうれんこう》および短長外交術が出現した。僭越な称号（王や帝）がどしどし用いられ、誓いをたてた盟約も信頼できなくなり、人質を交換し、割符《わりふ》があっても、協定をかためる役にたたなくなった。」（小川環樹他訳『史記列伝（二）』二六六頁）

②ホッブズの「原理」は、われわれの一般的な戦争の「表象」（イメージ）の錯誤をよく教える。戦争は神の御心による、は一つの戦争理論だが、同様に、戦争は権力者の支配欲望による、階級対立による、あるいはまた、戦争は好戦的な文化や宗教に固有のものである、といったものも戦争の理論である。クラウゼヴィッツの「戦争は政治の継続である」という定義は有名だが、これも近代国家の戦争の一側面にすぎない。さらに、戦争は、「無意識」に潜む本質的な攻撃性（「死の欲動」）の発露であり抑止できない、といった〝もっともらしい〟説もある。

哲学的思考は、こういったさまざまな「戦争の理論」のどれが「本質的」で、どれが属性的、派生的な理論にすぎないかを吟味する。ホッブズ説の力点はこうなる。戦争は、「悪」によって生じることがある。しかし、戦争の根本原因は、人間社会の本質的な「不信の構造」であって「悪」ではない。戦争を根本的に制御するにはこの「構造」を変化させるほかはない。

③ホッブズの「原理」はまた、つぎのことも教える。「国家」の第一の機能は支配ではなく「暴力の縮減」であること。

国家こそ暴力の根源である、と考える人は多い。しかしこれは転倒した〝表象〟(イメージ)にすぎない。事実は逆で、国家が国家であるかぎり、それは必ず「暴力の縮減」を第一の機能としてもつ。そうでなければ秩序ある社会の存立はありえない。独占された武力によって普遍的暴力を制御すること。これが「国家」の第一の機能であり、これを果たさなければ誰も国家を必要とせず、承認もせず、つまり国家は存在理由をもたない。われわれはまた、しばしば、統治支配や階級支配の権力が「戦争」の原因であると表象《イメージ》する。しかしこの表象も逆転していて、じつは、普遍闘争状態こそが統治支配や階級支配の原因なのである。

国家を諸悪の根源と考える人々は、おびただしい仕方で国家の起源論を試みてきた。国家起源論の問いは、人間はいったいどこで最初の〝誤り〟を犯したのかと問うのだ。しかし、いまわれわれにとって必要なのは国家の本質論であって、そのような起源論は無意味であるだけでなく有害でもある。

人間社会は、蓄財の技術を見出して以来、生命維持についての相互的な不信の構造に巻き込まれた。ここに国家形成の本質がある。人間社会は、普遍闘争状態の抑制の原理として「覇権の原理」しかもたなかったからだ。*8

＊8「覇権の原理」による暴力の縮減は、必ず専制支配、階層支配の構造に帰着する。支配階層と被支配層の割合について言えば、ほとんど「一五%前後 対八五%前後」である。いくつか例をあげると、朱元璋《しゅげんしょう》による明王朝の覇権成立当時、「回復された中華の、全住民の九〇%を超える数が農民」（三田村泰助『世界の歴史14 明と清』、四一頁）。フランス革命時、支配階級二―三%。九〇%近くが農民で、残りは、商人、職人、新興市民など。ギリシャ・アテネの最盛期、自由市民の男女が約九万人。奴隷あるいは隷属民が三六万五千人、保護居留民が四万五千人（エンゲルスによる）。農奴解放時のロシア、農奴状態の農民五〇〇〇万人に対して地主階級二五万人、等々。この割合がほぼ一定なのは、支配階層が多すぎると権力と実力の集中が難しくなり、被支配階層が多すぎると支配が困難になるという、そのおおよその均衡点と考えればよい。

④ホッブズは、人間社会のこの根本力学をはじめて「原理」として明らかにした。そしてそのことで、次のような、まったく新しい社会「原理」の端緒をひらいた。

　主権を獲得するには二つの方法がある。一つは、自然の力によるものである。（略）他の方法は、人々が、他のすべての人々から自分を守ってくれることを信じて、ひとりの人間または合議体に、自発的に服従することに同意したばあいである。このばあいをわれわれは、（略）「設立された」コモンウェルスと呼び、前者を「獲得された」コモン

ウェルスと呼ぶことができよう。(永井道雄ほか訳『リヴァイアサン』一九七頁)

ここには、「自然の力」つまり「覇権の原理」ではない、もう一つの社会原理がはっきりと示唆されている。それが「設立された」統治権力である。ホッブズはこれを、主として君主と国民の合意として構想したのだが、この新しい「原理」の本質を、より哲学的な仕方で展開したのがルソーである。

ルソーの「一般意志契約」

ルソーの「社会契約説」についても、多くの否定的議論がある。ごく一般的なのは、「社会契約」による国家形成説は想像的なものにすぎず、フランスやアメリカでの市民革命では一定の役割を果たしたが、国家形成説としては現在では時代遅れになっている、というものだ。その典型的な例は、バートランド・ラッセルの批判である。「ルソー以降、みずからを社会改革者と目するひとびとは、二つのグループ、すなわちルソーに追随する者とロックに従う者とにわかれてきた。(略)現在では、ヒットラーはルソーの帰結であり、ルーズヴェルトやチャーチルはロックの帰結である」(市井三郎訳『西洋哲学史3』、六八七頁)。

ルソーの『社会契約論』が全体主義の理論的源泉となったという意見は、現在もいたるところで見られる。こうした見方は、すでにプルードンのような無政府主義者からも出ていたし、批評家テーヌも社会契約説を評して「圧政の賛美」だと書いている。現代でも、「一般意志」の概念を危険だとする意見はハーバーマスなどを筆頭に後を絶たない。

これら「ルソー、ファシズム元凶論」の感度はわからないでもない。たとえば、『社会契約論』第二編第五章に、「執政体が『おまえの死ぬのは、国家のためになる』と言えば、市民は死ななければならない」（井上幸治訳、〈中公バックス〉二五七頁）といった言葉がある。その他、とくに現実的な国家構想を論じた第三編以降では、現在の観点からは納得しにくい考えが頻出する。なにより、ルソーは人民国家の政府に大きな権限を与えようとした。一九世紀以降の批判思想で「反国家」は中心的なスローガンだから、ルソーの「国家権力」擁護の強調は、ロベスピエールからヒトラーに至る国家絶対主義の源流とみなされる根拠になっている。だが、哲学的には、これらの批判もまたまったく的が外れている。

ルソーの社会契約説を社会についての「哲学原理」として簡潔に捉《とら》えれば、その要点は以下のようになる。

ルソーは、『学問芸術論』『人間不平等起源論』では社会の統治状態自体に懐疑的で、ホッブズに対して批判を向けていたが、やがてホッブズの考えを受け入れ、『社会契約論』の冒頭ではよく知られた次の言葉をおく。

人間は生まれながらにして自由であるが、しかしいたるところで鉄鎖につながれている。(略)どうしてこういう変化が起こったか、私にはわからない。しかし、この変化を何が正当化するのか、といえば、この問題なら解くことができると思う。(傍点引用者、前掲書、二三二頁)

人間はもともと自由だった(少なくとも誰にも隷属していなかった)はずなのに、現在、あまねく専制的な統治支配が存在している。なぜこんな変化(平和状態→専制統治)が生じたかはおくとして、一体どのような「統治」ならば「正当」なものと言えるのか。自分はその「原理」なら言える、そうルソーは主張している。

ここではまず、『社会契約論』が、政治統治の「正当性」についての論であるということが重要である。彼はこう書く。人間社会は、必ず何らかの社会的結合を作り出す必要をもつが、問題は、「この結合形態によって各構成員は全体に結合するが、しかし自分自身にしか服従することなく、結合前と同様に自由である」(前掲書、二四一―二四二頁)ような社会的結合が可能か、ということだ。そして、この課題を解決する考えが一つだけある、それが「社会契約」の考え方である、と。

すなわちこうなる。ホッブズは、普遍闘争状態を克服するには各人が自然権を放棄して「超越権力」を打ち立て、全員が統治のルールに服する以外にはないという原理を示した

（「自然法」）。しかし、繰り返し述べたように、実際には、「超越権力」は覇権をめぐる実力闘争によってしか達成されない。覇権の成立によって、第一人者を「王」と認める人々の合意がはじめて成立する。しかし、「覇権の原理」は決定的な問題点をもつ。つまり、それは必ず〝専制支配体制〟に帰着し、そこでは人間の「自由」は存在しえないということだ（ルソーの『告白』を読めば、彼にとって人間の内的自由こそ最も重要なものだったことは誰にも理解できる）。

さて、では、ルソーが『社会契約論』で示した「原理」とはどういうものだったか。普遍闘争状態を制御し、しかもその上で各人の「自由」を確保する「原理」が、一つだけある。戦いが「覇権王」を作り出す前に、社会の成員すべてが互いを「自由」な存在として認めあい、その上でその権限をあつめて「人民主権」に基づく統治権力を創出すること、これである（わたしはこれを、「一般意志契約」と呼びたい）。これ以外には、普遍暴力を制御しつつ各人の「自由」を確保する原理は、一つもない。それを彼はこう書く。

「共同の力をあげて、各構成員の身体と財産を防御し、保護する結合形態を発見すること。この結合形態によって各構成員は全体に結合するが、しかし自分自身にしか服従することなく、結合前と同様に自由である」（前掲書、二四一―二四二頁）。

そのような状態をどう実現するのか。「社会契約」の考えだけが、この難問への答えである、と。

近代社会とは、どんな人間も互いに「自由」で「平等」(あるいは対等)な権利をもつ社会であり、したがって政府は本来人民の主権を代表しているだけである、という考えなら、恐らくわれわれの誰もがもっている。しかし、そのようないわば〝理想主義的民主主義〟の考えと、人間が普遍暴力状態を脱しうるには、超越権力の創出とルールの設定という「原理」しかありえないこと、各人が「自由」を確保するには、相互に他の自由を認めた上で人民権力を創出する以外にはないという「原理」との間には、決定的な違いがある。というのは、現在多くのルソー批判に現われているのは、まさしく、この考えを本質的な社会「原理」として理解せず、むしろ一般的な〝理想主義的民主主義〟の感度からルソーを批判する、という転倒だからである。

その例を一つだけ挙げてみよう。

たとえば、ルソーの思想を「全体主義思想」の源泉と呼んだラッセルの理解は、なかなか振るっている。彼はこう言う。「一般意志」は重要らしくはあるが「はっきりしない教説」だ。それは「過半数の意志」とも違うし、市民の意志の総和でもなく、むしろ「政治体に属している意志」のようだが、この政治体の意志とは何かについて、ルソーは「われわれになにも語らない」。ただ分かるのは「一般意志はつねに正しい」という主張だが、これとても曖昧模糊《あいまいもこ》としている。結局のところ、「一般意志」とは、人々の私利の最大の「満足」を代表するもの、つまり「国民の私利の最大総和」と解するほかはない……(市

井三郎訳『西洋哲学史3』六九一―六九二頁)。

ラッセルが、これほど簡明な「原理」を誤解するのは、彼が「国家権力」に対する大きな疑念をもち、ルソーの理論は「国家権力」を擁護するものだから批判さるべきだという予断をはじめにもっているからだ。そこで彼はルソーの主張を以下のように推論する。「一般意志」は市民の私利の「最大総和」だからつねに「正しい」。そして、政府はつねに「一般意志」を代表するのだから国家権力は「つねに正しい」と。だが、「一般意志」についてこれ以上に馬鹿げた解釈はありえない。

ルソーの主張がラッセルの言うとおりのものなら、ルソーはあからさまに黒を白と言いつのる詭弁家《きべん》であろう。しかし、彼の主張は簡明であって、こうである。近代国家の「政府」は、自由の相互承認のもとで政府を作るという人民全体の意志の合意、つまり「一般意志」を根拠とする。そうである以上、この「政府」は必ず人民の「一般意志」を〝代表〟しなければならない。すなわち、人民の政府は一般意志を代表するかぎりで、〝つねに正しい〟。

ルソーはこうも書いている。政府は「一般意志」を代表しなければならないが、社会にはそれをつねに阻害する大きな要因がある。それは「国家の内部に下部諸団体が存在すること」だ。それぞれの団体は自分たちの一般意志をもつので、社会全体の一般意志と対立する。したがってその場合「人間の数だけの投票数があるのではなく、団体の数だけ投票数がある」ことになる。だから一般意志が十分よく表現されるには、「国家のなかに部分的社会がなく、各市民が自己の意志だけに従って意見を述べることが肝心である」（前掲書、二五三頁）。

ラッセルによれば、このルソーの考えは、国家による教会や政党や労働組合といった団体の任意の禁止に結びつき、きわめて危険である、まさしくここにルソーの考えの全体主義的性格が現われている、と（『西洋哲学史3』六九二頁）。事実はまったく逆であって、むしろこのルソーの主張は、彼が市民国家の「原理」をいかに正確に把握していたかをはっきりと示している。

たとえば、一国家のうちにカトリックとプロテスタントという二つの強力な宗教共同体が存在するとしよう。二つの共同体のそれぞれの「一般意志」は、社会全体の中では「特殊意志」どうしとなって対立する。法律の制定が多数決の評決で行なわれるとすれば、多数を占める宗派（共同体）が自分たちに有利な法律を多数決によって成立させるという可能性がある。だが、このような場合には、この法律は市民の「一般意志」を代表しているとはいえず、ただ多数つまりマジョリティの「特殊意志」を代表するにすぎない。そうなるとどうなるだろうか。この社会のルール（法）決定は「一般意志」の表現たりえなくなり、ここではいわば数による「覇権の原理」が働くことになる。こうなると市民社会の根拠も正当性も保てなくなる。

ルソーは、正しくもこう書いている。政治的「意志を一般意志たらしめるのは、投票者を結合する共同利益で、投票者の数ではないことを理解しなければならない」(前掲書、二五五頁)あるいは「社会契約は常に市民のあいだに平等を確立するので、市民はすべて同一条件のもとで約束し、すべて同一の権利を享受すべきであるという結論」になる(前掲書、二五六頁)。したがって、市民社会では、独自の特殊利害を追求する個別的共同体が、その内部にできるだけ生じないようにつねに努力しなければならない。「一般意志がよく表明されるためには、国家のなかに部分的社会が」できるだけ存在せず、多様な市民が「自己の意志だけに従って意見を」表明するのでなくてはならない、と(前掲書、二五三頁)。

もはや理解されるはずだが、市民国家では、次善の決定方式として「多数決」をとることをはじめの合意としておく。だから、市民国家が、マジョリティ、マイノリティといった固定的な団体(共同体)をつねに流動化する原理、つまり政府はマジョリティではなく「一般意志」を代表するという原理をもたなければ、たとえ政体として共和制や民主制をとっていても、市民国家としての本質を失う。ルソーの議論は、「一般意志」という概念と原則こそ、市民社会のもっとも重要な基礎をなすものだということをよく示しているのであって、権力による集会や結社の禁止などということとは無関係である。

ここでは詳述できないが、この問題は、現代の民主主義社会にとって、ますます重要な問題になりつつある。民主主義は「一般意志」の代表を根本的原則とする。しかしどんな社会にもさまざまな利害をもつ共同体どうしの対立が生じることは避けられないので、ときどきの情勢の中で、具体的にどのような政策やルールが「一般意志」を代表するかを〝厳密に〟確定することはきわめて難しい。このことから、民主主義の基本原則をめぐるさまざまな主張が現われてくることになる。[*9]

*9　たとえば森政稔『変貌する民主主義』や森村進『自由はどこまで可能か』、などはそれをよく整理している。具体的には新自由主義、リバタリアニズム、参加民主主義、共和主義的民主主義、熟議民主主義、コミュニテリアニズム等々。

さらに、一般意志を厳密に確定することが困難であることから、「民主主義」それ自体に対する反措定の議論もしばしば見られる（それは多く民主主義の不可能性という論理的パラドクスの形で現われている）。しかし、哲学的に言えば、そういった議論のほとんどはルソーの「原理」の本質を理解できないために現われている些末《さまつ》主義にすぎない。

しかしこの問題については、さしあたり、古代ギリシャ的民主主義と近代のルソー的民主主義の違いを示唆しておくことにする。古代ギリシャでは、王政→寡頭制→専制→民主制といった政体のたえざる転移が生じた。その理由は、古代民主制は、明確な「一般意志」の原理をもたず、政治権限は、議会における貴族・金持ち階層と下層市民階層との均衡的な単なる「多数派ゲーム」として成り立っていたからだ。ギリシャのポリスで市民は各自武装しており、「実力」をシビリアンコントロールした上で統治権力に集めるという観念とシステムが存在しなかった。そのため、ここでの民主主義は、「一般意志」の原則にもとづくものではなく、むしろ「数」による覇権ゲーム（権力ゲーム）と言えるものだった。したがってそれは諸階層の利害対立を調停しうる原則をもたず、そのために、しばしば多数者による衆愚政治となり、つねに暴力による決着へと転化する傾向をもった。[*10]

＊10　ギリシャのアテネでも、ローマでも、平民と貴族の調停、民衆派と金持ちの調停の努力は一定の仕方で行なわれた。しかしそこに「一般意志」の原理は自覚的には存在しなかった。ブルクハルトの『ギリシャ文化史』では、覇権の原理から完全に脱却できない古代民主政の困難が多く描かれているが、ここでは、ヒュームによる同様の証言を示しておこう。「平然として、一万人以上の同胞市民を虐殺したといわれる大ディオニシオスや、これよりもっと悪虐な、アガトクレス、ナービスおよびその他の連中のことはもちろんのこととして、自由な政府においてさえ、そのやり方は、極度に狂暴で破壊的でした。アテナイにおいて、三〇人僭主と貴族階級とが、一二ヵ月間に、裁判なしに殺した数は、およそ一二〇〇人、追放した数は残っていた市民の半数をこえました。アルゴスでは、大体同じ時代に、平民が、一二〇〇人の貴族を殺し、そしてその後では、彼ら自身の煽動者をも殺しました。（略）これらの国がはなはだ小さなものであることを考え合わせるならば、それだけいっそう、このような数字が驚くべきものに思われることでしょう。しかし、古代史全体は、このような事例でうずめられています。」（ヒューム、小松茂夫訳『市民の国について㊤』、七七頁）

以下に、ルソーの「社会契約」と「一般意志」の核心点を整理しておく。

①ホッブズが示したのは、「普遍暴力」の制御のための「国家＝超越権力」と「法（ルール）」の設定、という「原理」である。ルソーは、これに「自由」（の権利）の確保という条件をつけ加え、社会の全員の合意による「人民権力」の創出という原理をおいた。そして、「一般意志」の概念は「人民政府」の正当性の根拠を意味する。

先に触れたように、何が「一般意志」かを厳密に規定することにはつねに困難がつきまとう。しかし哲学的にはそれはまた別の問題である。普遍暴力状態の制御と自由の確保という課題については、ホッブズとルソーの「原理」は、それが現われてから三〇〇年ほどがたつが、まだそれ以上の考えは一つとして提出されていないと言える。

②古代ギリシャの民主主義は、アリストテレスの定義では、多数者支配の民主主義であり、「一般意志」についての明確な自覚をもたない。ロックの自然権的民主主義は、「自由」を人間の生来的権利だとする一つの理想理念をなす。これに対して、ルソー的民主主義は「一般意志」にもとづく人民主権の原則の上に立ち、単なる多数者支配でも、「自由」な人間どうしの理念的な連合政府でもない。その意義については、ヘーゲルによる自由の「相互承認」の概念を検討するところでもっと詳しく確認する。

③ロックの考えは、現在の〝理想主義的民主主義〟の源泉となっている。「人間は生来、すべて自由であり、平等であり、独立しているのだから、だれも自分から同意を与えるの

でなければ、この状態から追われて、他人の政治的な権力に服従させられることはありえない」（宮川透訳『統治論』二五二頁）。ここでは人間の権利は、人間の本来的な価値であると見なされる。人間は生来「自由」かつ「平等」であるから、王権に対して本来の「所有権」を主張することができる。だからロックの共和制は、もともと、封建特権に対する土地所有者の自由連合という意味あいをもっていた。

所有や自由は（神が与えた）〝本来的〟な権利である、という考えは、哲学的には決定的な弱点をもっている。ひとことで言えば、それは「理想理念」から人間の権利や社会制度を演繹《えんえき》するために、複数の理想理念が現われたとき、その対立を克服する原理をもたない。たとえば、現在の「新自由主義」や正義論的・道徳主義的自由論は、そのような「理想理念」を象徴する。ルソーのロックに対する優位は、人間は「自由」かつ「平等」（対等）であるし、またそうあるべきである、という「当為」の理念から出発せず、人間が「自由」かつ「平等」（対等）であるには、どのような条件が必要かという考えから出発し、これを追いつめている点にある。

④最後に、ルソー批判の典型的類型は、三つある。第一に、「市民社会」へのマルクス主義的批判に根拠をもつもの。第二に、反国家の観点からするルソーの国家擁護の姿勢への違和感。第三に、人間は本来「自由」で「平等」であるべきだという当為の観点を底にもつ理想主義的民主主義からの批判。だが、じつのところ、理想主義的民主主義は、ルソ

ー的原理の、無自覚で〝あいまい〟な形態なのである。

ともあれ、われわれは、「蓄財」の発生以来、「覇権の原理」と「専制支配」という悲惨な運命から人類が脱しうるはじめての「原理」を、ホッブズとルソーの簡明な考えのうちに見出すことになった。ここでは、他の近代哲学者と比べ、ホッブズとルソーの「原理」がとくに決定的なものであることを理解する必要がある。

「自由の相互承認」へと展開したヘーゲル

ヘーゲルは近代哲学の完成者と言われるが、その哲学は、ここまで見てきたホッブズとルソーの社会「原理」とどう関係するだろうか。わたしの考えを言うと、ヘーゲルは、この二つの社会原理を、自分の哲学の人間的原理と接合して、その体系のうちに包摂している。つまり、ヘーゲルは、ロックからカントにいたる、理念的かつ当為的な「自由」論を批判・修正しつつ、ホッブズとルソーの原理に力点をおいて、これを「自由の相互承認」という考え方へと展開した、といえる。

しかし、その詳しい検証は後にまわして、ここではさしあたり、ヘーゲルによる近代社会原理の統合の道すじを、大きく輪郭づけてみることにする。

はじめに、ヘーゲル哲学を吟味する際につきまとうやっかいな前提について触れておく必要がある。現代思想では一般にヘーゲルは最大の敵役となっており、その批判の中心は、近代哲学における「形而上学《けいじじょう》」の完成者、あるいは、神＝世界という有神論的体系の最後の遺制という点にある。この批判をすべて退けることはできない。実際、ヘーゲルの哲学体系は、そのような有神論的＝一元論的形而上学を含んでいる（『大論理学』『宗教哲学』『歴史哲学』などにもっともそれが強く表われている）。ヘーゲル哲学に含まれるそういった諸観念はまさしく前世紀の遺物というべきものだ。しかし、このような神学的遺制をいわば〝脱構築〟しつつ読めば、ヘーゲル哲学は近代社会の理論としても近代精神の理論としても、いまも決定的な重要性をもつ、というのがわたしの考えである。いちいち断らないが、ここでのヘーゲル解釈をそのようなものと理解してほしい。

さて、ホッブズとルソーの示した社会原理は、ヘーゲル哲学ではその体系の中に換骨奪胎された形で取り入れられているが、そのもっとも象徴的な場面はすぐに指摘できる。まずホッブズの「普遍闘争原理」は、『精神現象学』における「自己意識」の章の「主奴論」、「承認のための生死をかけた戦い」に、その哲学的な展開を見ることができる。

「自己意識」の章で、ヘーゲルはまず人間的欲望の本質論をおく。動物の欲望の中心は、他を否定して自己を維持しようとする点にある。しかし人間の欲望は、「自己価値」への欲望という独自の本質をもち、したがって潜在的に他者からの「承認欲望」を含む。

人間の欲望は、はじめは「自立性」への欲望（自由への欲望）の形をとる、つまり「自己意識」の欲望となる。しかし、人間は社会生活を営んでいるので、「自由」への欲望は本質的に「他者の承認」を必要とする。一人の人間の「自由」の実現は、そのままでは他者の「自由」とは両立しない。たとえば、家族のなかで子供たちが十分成育しないうちにやみくもに自分の「自由」を求めるなら、家族は成立しない。子の「自由」は親の「自由」とまずぶつかりあう。友達どうしでも同じである。これを歴史的に考えれば、人間の「自由」への欲望はまず自由を求める人間どうしの「承認をめぐる生死を賭《か》けたたたかい」という形をとる。

「主奴論」は一見奇妙な寓話《ぐうわ》のような形をとっている。荒野で出会った見知らぬ二人の人間は、相手に「自己の自由」を承認することをどこまでも求めて、生死を賭けて闘いあう。その結果、死を恐れずこの闘いに勝利したものが「主」となり、敗者が「奴」となる……。この寓話の含意は以下のとおりである。

動物も自由（自分の欲望の充足）を求めて闘いあう。しかしそこでは自然が定めた体力の優劣がその秩序を決定する。ヘーゲル説のポイントは、人間では「承認をめぐる死を賭した闘い」がこれを決定するという点だ。動物の世界の秩序は自然が絶対的に与えるが、人間はいわば「死」を賭することで、自然から自己の「自由」を奪い取る。この議論でのヘーゲルの力点は、「死」をものともせず「自由」への欲望を貫いたものが主となり、「死の畏怖《いふ》」におののいたものが「奴」となるというところにある。

こうして、人間は「自由」という反自然的欲望を本性とするゆえに、「自由」を求めてどこまでもせめぎあい、それが普遍闘争状態を呼び、その結果が、人間社会の普遍的な支配構造となる。そもそも奴隷労働は「死の畏怖」によってしか成立しない。こうして、ヘーゲルは、ホッブズの「普遍闘争原理」を、「自由」への欲望、そして「死の畏怖」という人間精神の実存的本質に結びつけて基礎づけ直している、と言える。

ヘーゲルの力点はこうだ。ロックやカントは、人間は本来「自由」な存在であり、またそうあるべきだと考えた。ヘーゲルでは、人間は〝本来〟自由なのではなく、ただ人間精神はその「自己欲望」の本性から「自由」をめがける本性をもつ。そして各人が自己の「自由」への承認欲求を強くもつことが、主奴の普遍闘争の原因である。人間の精神は「自由」を欲する、そしてむしろそのことが、人間社会の普遍的な主奴構造の根本原因なのである。

しかし、人間精神は、歴史経験から学ぶことで、徐々に各人の「自由」を実現する道をたどる。ヘーゲルによれば、それが「歴史」の必然性ということの意味である。この普遍的自由の実現（万人の自由の解放）は、どのようなプロセスをたどって可能となるか。ここは、ルソーにおける自由を自覚した市民どうしの「社会契約」の原理に対応するところだが、ヘーゲルではそれは、『法の哲学』における家族―市民社会―国家という〝人倫の原理〟の展開として示される。『法の哲学』はヘーゲルによる近代国家論の哲学的基礎づけだが、一般的には、国家と宗教との調和といった保守的・反動的性格をもつとされ、きわめて評判が悪い。その大枠を素描すると以下のようになる。

『法の哲学』(ヘーゲルの法＝Recht《レヒト》は、法・権利・正義の三つの意味を含む)は、「抽象的法」「道徳」「倫理」という三部からなる。まず「抽象的法」でヘーゲルは、「法・権利」の本質を哲学的に定義づける。

法の地盤は総じて精神的なものであって、それのもっと精確な場所と開始点は意志である。これは自由な意志である。したがって自由が法の実体と規定をなす。(藤野渉他訳、世界の名著44『法の哲学』一八九頁)

法は、人間精神の「自由」(自由意志)にその本質的な根拠をもつ。だから法の本質を捉えるには、まず人間の「自由」の本質から出発しなければならない。そうヘーゲルは言う。ヘーゲルの議論にはつねに形而上学的な世界体系がつきまとっているために、なかなか要約は容易ではないが、できるだけ簡明にやってみよう。

ヘーゲルでは、まず、世界は総体としての精神的存在であり、「絶対者」とか「絶対精神」と呼ばれる。精神の本質は「自由」であり、それは、つねに自己を普遍化しようとする無限の運動性、と定義される。人間はそのような精神の本質を分けもった個別的な「主観的精神」である。だから人間もまた、自分の「自由」の本質的実現を求める本性をもつ。

さて、人間精神の本質たる「自由」は、まずはじめは「所有」への欲求という形をとる（所有なしに人間の自由は存在しない）。所有は、はじめは親や上位のものの許可によって可能になるが、つまり所有のうちには最低限の「承認」が存在する。しかし所有の承認は単なる許可ではなく、その人間の「自由」の承認を含んでいる。こうして人間どうしの所有の承認は、家族の相互配慮の世界から離れて、他者どうしの自由の承認へと進んでいく。つまり所有→契約→法というプロセスをとる。

「契約」とは、単に他者の所有の許可や承認することではなく、それを他者の当然の権利として認め、互いがこの権利を尊重し、そこに暴力をもち込まず、いったん行なった約束を守る意志をもち合うことである。これが社会全般に拡大し、一つの制度として定着すると「法」となる。

さて、「法」が統治支配からの一方的な命令としてではなく、相互的な「契約」とその権利の確定という仕方で拡大するのは「市民社会」においてである。「市民社会」の成立はその意味で、所有と自由の相互承認の大きな展開を意味する。

しかし、ここからの展開が興味深い。「市民社会」では、原則として各人の「自由」（所有、職業、信仰、生き方など）が相互に承認される。この意味で、市民社会は、いわば「自由」の本質が、個々人の自由を確保する「法」という制度の形で一つの現実態を取っている。しかし、ヘーゲルによれば、市民社会では、「法」による所有と権利の承認は、

「放埒《ほうらつ》な欲求の体系」、つまり個人の「自由」への欲望との激しいせめぎあいとなる。「自由」の解放は両義的であり、一面では「自由」の承認だが、もう一面で、いわば「自由」の相互的闘争という新しい局面の展開を招く。

市民社会は、それ自身では、この「自由」の相互的確執を調停する原理をもっていない。そこでヘーゲルは、解放された個人の「自由」の競合をより高次のレベルで統合するものとして、「国家」(=人倫)の原理をおく。市民社会は「悟性国家」と呼ばれ、より上位の概念としての人倫国家は、「理性国家」と呼ばれる。

さて、これがヘーゲル『法の哲学』における、「家族」→「市民社会」→「国家」という「自由の本質の展開」の大きな輪郭である。しかし現代の多くの論者は、ここに、「近代国家」の統治を正当化するヘーゲル国家論の保守的・ナショナリズム的性格を見て、これを批判してきた。たとえば、ハーバーマスはこう言う。

ヘーゲル哲学は、ドイツ観念論哲学から現われ、その中でももっとも深く「近代」の本質についての考察を展開し、近代の人間学として評価すべき点がある。しかし全体としては、観念論の枠組みを越えられず、「絶対者」といった形而上学的観念に依拠している。人間の「個別性」と「普遍性」の統合という興味深いテーマも、結局は、個人の個別性は国家の普遍性に統合されるべきだという保守的な国家観にゆきついている、と。

それゆえ、具体的な普遍性のなかでは、普遍的主体としての主体のほうが、個別的主体としての主体よりも優位を保つことになる。人倫性の領域にこのような論理をあてはめると、国家という高次の段階に位置する主体のほうが、個別者の主観的自由よりも優位に立つということになる。（三島憲一他訳『近代の哲学的ディスクルスⅠ』六二頁）

ハーバーマスの批判は、現代のヘーゲル理解の一典型をなしている。ヘーゲルは「自由」の本質から出発したが、それが形而上学的な「絶対者」の観念につきまとわれているため、結局、個人の「自由」を「国家」の原理によって統合するところに行き着いた、と。このような一般的理解が妥当かどうかについて、このあと吟味してみよう。

2　反近代とマルクス

現代思想の反近代

「近代社会」の構想は、文明の発生以来人間の宿命だった専制的隷従から人々を解放しようとする、未曾有《みぞう》のプロジェクトだった。それは、一八世紀の後半、イギリス、アメリカ、フランスにおける市民革命を起点として、ヨーロッパに新しい市民国家（国民国家）として広がっていった。ところが、それは近代哲学者たちが考えたような理想的な道すじを進まなかった。むしろ、彼らが予想もしなかったような、新しい大きな諸矛盾を生み出すことになった。

近代社会の理念の最大の眼目は、万人の「自由」の解放、つまり「普遍的自由の実現」である。しかし、近代国家は同時に、〝資本主義〟というやっかいな怪物を生み出した。それは人々に「自由」を確保したが、同時に、資本家、地主、労働者という新しい社会階層を生み出し、また富の巨大な格差を作り出した。これが第一点。

次に、近代国家は、国内的には、曲がりなりにも実力による専制統治から人民主権へと進んだが、近代国家どうしは、ナポレオン戦争を皮切りに新しい闘争状態に入っていった。そしてそれは、それまでの比較的緩やかな領土についての小競り合いではなく、「資本主義」の原理による苛烈《かれつ》な闘争、つまり市場、資源、植民地支配をめぐる新しい普遍闘争の状態へ突入した。やがてそれは、国家の総力をあげての帝国主義戦争、二つの世界戦争にまで行き着くことになる。

さて、この二つの矛盾を通して、「近代国家」は、多くの人々にとって過酷な「権力」と「戦争」の象徴として現われた。「近代国家」は、本来、個々人に「自由」を確保するシステムだったはずなのに、むしろ、個人の自由を、権力と法によって抑圧するような強権としての性格を露わにした。さらに、国家どうしの過酷な闘争は全体主義的国家まで生み出すことになった。こうして「近代国家」は、近代の進み行きを通して、「自由な個人」の理念と完全に対立的な存在として現われたのである。

こういう事情から、一九世紀の初頭以来、ヨーロッパの知識人の問題関心は、それまでの、いかに「伝統支配」（アンシャン・レジーム）を批判しこれを打ち倒すかという課題から、いかに「近代国家」とその権力を批判するか、という課題へとその基軸を変える。つまりそれは「近代社会」への深刻な批判と反省の形をとる。

オーウェン、フーリエ、サン＝シモンといった初期社会主義者、プルードン、バクーニンなどの無政府主義者たち、チャーチスト運動、サンディカリズム、ラサール主義、そしてマルクス、エンゲルスにつづく多くのマルキストたち。その他さまざまな救済思想。さらに、マルサス、リカード、ワルラス、ケインズといった経済学者たちの営みもまた、何らかの意味で、〝野蛮な〟速度で進行する「近代社会」への抗《あらが》いの意味をもっていた。

資本主義は、アダム・スミスの言う「見えざる神の手」による調整機構をもつようには見えず、好不況の激しい波と、その都度進行する巨大な格差の拡大、というマルクスの予言にそって進むように見えた。ショーペンハウエル、キルケゴール、ニーチェ、ドストエフスキー、フロイト、ジイド、ジンメル、ヴェーバー、ディルタイ、オルテガ、アレント、カフカ、トルストイ、といった人々もまた、何らかの仕方で、近代の進歩主義に抗おうとした知識人たちだった。

こういう状況の中で、まずマルクス主義が、二〇世紀批判思想のチャンピオンとして登場する。マルクス主義は新しい理想国家の創設という大きな試みを行なうが結局は挫折《ざせつ》し、二〇世紀の半ばにポストモダン思想に取って代わられる。しかし、マルクス主義やポストモダン思想を含め、二〇世紀の多くの批判思想の中心的主張もまた、「反国家」、「反権力」、そして「反近代」というキーワードでくることができる。

たとえば、二〇世紀の「反近代」の主張を象徴するのは、第一にマルティン・ハイデガーの『世界像の時代』(一九三八)であり、つぎに、アドルノとホルクハイマーの『啓蒙の弁証法』(一九四七)であり、そして、レヴィ=ストロースの『野生の思考』(一九六二)である。

ハイデガーは「存在忘却としての近代」という観念を示した。また、アドルノとホルクハイマーは、近代の「啓蒙」は近代以前の「神話」の解体とみなされてきたが、じつはそれ自身一つの「神話」だった、と主張する。文明を推し進めるはずの近代的「啓蒙」は、生産合理主義や技術主義を追求し、近代の頂点において(当時はナチの時代)「野蛮の極」にまで転化した、と。

「冷たい社会」と「熱い社会」、「野生の思考」と「栽培思考」といった鮮烈な対比によって、レヴィ=ストロースは、「文明=進歩」対「未開=野蛮」という近代の常識を相対化し、ある場面ではその価値を逆転させた。彼の構造主義人類学は、人間と社会の関係認識の重要なモデルを提示しているが、それ以上に、反近代、反西洋中心主義のイメージ戦略として大きな力をもった(この戦略は、次のポストモダン思想に受け継がれるが、それを象徴するのが、たとえば、G・ドゥルーズのツリーとリゾーム、パラノとスキゾ、有機体と器官なき身体、定住と遊牧、国家と戦争機械といった、反近代、反国家を含意する二項対立的イメージ戦略である)。

さてしかし、われわれの問題を近代社会の総体的「運命」として捉えるとき、近代社会のもっとも本質的な批判者として考察しなければならないのは、やはりマルクスである。現代の批判思想がさまざまな形で表明している「反国家」「反権力」「反近代」の考えは、どれもその本質的な源流をマルクスの「国家」批判と「資本主義」批判に遡《さかのぼ》ることができる、ということが一つ。つぎに、マルクスは、近代社会の理念の最大の完成者ヘーゲルの、もっとも強力な思想的批判者であったという点。そして最後に、近代社会の原理的批判という観点からは、現代のさまざまな批判思想のうちに、マルクスのそれを本質的に超え出ているものを見出すことが難しい、という理由による。

マルクスの「反国家」論

この間、マルクス主義の凋落《ちょうらく》によって、思想家としてのマルクスに対する否定的評価が多く現われている。しかし、わたしの考えでは、マルクスの思想の本質力はきわめて高く、彼はいぜんとして、ニーチェやフロイトと並び、一九世紀最後のもっとも重要な思想家の一人である。

これについてルイ・アルチュセールのマルクス論は大変説得的だ。マルクスは宗教対国家の対立という当時のテマティック（問題領域）からいち早く抜け出し、まずヘーゲル以前の啓蒙主義の研究に、つぎに古代史研究にねらいを定めて徹底的に文献を読み、それまでの歴史理解の水準を一挙に突き破った。つまり経済社会の歴史的構造分析という新しい領域とテーマを開いて、時代の本質的な課題に応《こた》えようとした（『マルクスのために』）。わたしはこのマルクス評価によく同意できる。しかし、思想家マルクスの詳しい評価については『人間的自由の条件』で行なったので繰り返さない。ここではまず、彼が行なった根本的な批判を要約し、その意義を確認してみよう。

マルクスの仕事の中心軸を二つ挙げると、第一に、「国家」（とくに「近代国家」）の批判。第二に資本主義システムの批判（従来の経済学の批判を含む）となる。第一の「国家」の批判は、主としてヘーゲル国家論の批判の形をとる。

マルクスはその批判をまず、ヘーゲルのドイツ観念論的な形而上学性に向ける。「ヘーゲルは、たとえば富とか国家権力などを人間存在から疎外されたものとして捉えてはいても、それはただそれらの思想形態においてのみ行われているにすぎない。（略）それらは思想上の存在である。——したがって、たんに純粋な、つまり抽象的な哲学的思惟の疎外態にすぎない。したがってまた、全運動は絶対知をもって終っている」（城塚登訳「ヘーゲルの弁証法と哲学一般の批判」マルクス・エンゲルス選集第一巻『ヘーゲル批判』一〇一一頁）。

何度も言うように、ヘーゲルの哲学体系は、神＝精神＝自然一体論という、ドイツロマン主義の形而上学のしっぽを引きずっているので、この批判はきわめて通りやすい。だが逆に言えば、このような観点からの批判は、もはや大した重要性をもっていない。むしろ注目すべきなのは、ヘーゲルが打ち立てた「近代国家」の理念を、マルクスがほとんど一八〇度転回しようとしている点である。

すでに見たが、ヘーゲルによれば、近代社会の本質は、人間の「自由」がその本性を展開する基礎条件をつかみ、ついに自らを現実化する時代であるという点にある。ヘーゲルでは、「自由」は自らの運動の本性によって、「所有」→「契約」→「法」→「市民社会」という形で自分自身を〝現実化〟（つまり社会化）してゆく。ふつうこのような〝形而上学的〟ニュアンスに人はつまずくのだが、近代社会の展開の背後には、自分自身を解放しようとする人々の「自由」への強い欲望がつねに働いていた、と考えれば、その内実はさほど奇矯ではない。

たとえば、このヘーゲル説についてのコジェーヴの解釈はなかなか説得力がある。ヘーゲルにおいて「宗教」とは、被支配者、つまり「奴」による自己の隷属的現実についての幻想的な自己解釈を意味する。彼らは、「主」への隷属を神への帰依と従属として解釈してきたのだ。したがって人間の歴史とは、人間の隷属状態の歴史、つまり「奴」の自己理解としての宗教の歴史だった。

だが、「奴」が自由を自覚して幻想から目覚めるや、これまでの幻想的権威は崩壊し、「人民主権」を原則とする近代国家が不可避となる。ナポレオンの国家は教会権力の国家をはじめて打ち倒した「世俗国家」だが、それは「奴」が自らの自由を「主」から奪い返し、「主と奴の相剋《そうこく》の弁証法」としての人間の「歴史」を終焉に向かわせるものである、とされる。

ところでしかし、ヘーゲルはこのナポレオン的世俗国家を歴史の完成態と考えていたわけではない。『法の哲学』では、この世俗国家は「市民社会」としての国家であり、そこでは万人の自由が解放されることによって、むしろ社会は「放埒な欲求の体系」、つまり欲望のゼロサムゲーム（一定のパイを奪い合うゲーム。このゲームでは勝者が得た分と敗者が失った分の合計《サム》がゼロとなる）となる、とされる。

ヘーゲルによれば、市民社会は、自ら生み出すこの矛盾を自分では克服できない。そこで、この市民国家の「放埒な欲求の体系」を制御し、人間の個別性と社会の普遍性を調停・統合する原理（人倫の原理）として、かつまたその役割を果たすべきものとして、

「人倫国家」の理念が導かれることになる。

さて、ヘーゲル国家論に対するマルクスの批判は、以下のようである。

ヘーゲルの「国家」は、たしかに個々人を主権者とみなし、その自由を「法」によって保証する「近代国家」ではある。しかし、そこに実際にあるのは「想像上の主権」にすぎない。この社会で実現される個人の「自由」とは、結局のところ、新しい経済関係の中で富めるものが、貧しいものを労働と賃金のもとに隷属させることを可能とする「自由」でしかない。したがって「国家」の本質は、ヘーゲルの定義をまったく〝転倒〟した形でとらえねばならない。

こうして、マルクスによる「国家」の本質は、つぎのように定位される。

①「国家」とは、階級支配の正当化のための欺瞞《ぎまん》的な手段としての「幻想的共同体」である。「国家」は民族や宗教という「一体性」の幻想によって結合の原理をえるが、実際には「法」と「権力」を通して「私的所有」を正当化し、そのことで階級支配を維持する装置である。

②「私的所有」はもともと人間社会には存在しなかった。その発生は「分業」の発生に由来する。分業、私的所有、そして私的所有の「法」による正当化というプロセスをへて「国家」が現われた。

③したがって、「近代国家」とは、人間の「自由」の展開の最終的な到達点などではな

く、その反対に、むしろ「宗教」→「法」→「国家」という形をとって進む階級支配の展開の最終形態にほかならない。
④「私的所有」を廃止することで、階級支配の道具としての「国家」は廃絶される。
⑤「国家」(近代国家)には、人間の「自由」を実現する可能性の原理は存在しない。「国家」の本質は階級支配の道具であり、「法」とその経済システム(資本主義)を通して人間支配を貫徹し、完成する。したがって「国家」の廃絶なしに真の「自由の国」は実現しえない。

これが、『経哲草稿』『家族、私有財産および国家の起源』『ドイツ・イデオロギー』『資本主義的生産に先行する諸形態』などで一貫して主張されている、マルクス「国家」論の骨格である。近代国家は自由や平等の名のもとに支配の制度を完成させる、というのがそのポイントだが、いくつか引用してみよう。

国家は、支配階級の諸個人がかれらの共通利害を主張する形態、そして一時代の市民社会全体が集約されている形態である。(略)そこから、まるで法律が意志に、しかもその実在的な土台からきりはなされた意志すなわち自由な意志にもとづくかのような幻想がうまれてくる。そうなればまた法(Recht)もおなじく法律(Gesetz)に帰着させられてしまう。(古在由重訳『ドイツ・イデオロギー』九四頁)

> 労働力の買いと売りがその枠内でおこなわれている流通部面、または商品交換の部面は、実際、天賦人権の真の楽園であった。ここでもっぱら支配しているものは、自由、平等、所有、そしてベンサムである。自由！　なぜなら、ある商品、たとえば労働力の買い手も売り手も、彼らの自由意志によって売り買いするだけだから。彼らは、自由な、法的に対等な人格として契約するのだ。（略）平等！　なぜなら、彼らは、たがいに商品所有者としてしか関係せず、等価と等価とを交換するのだから。所有！　なぜなら、どちらも自分のものしか処理しないから。（鈴木鴻一郎他訳『資本論I』二二六頁）

ヘーゲルは近代国家を、「奴」が自分自身の権利を取り戻す最後の社会段階であると主張した。しかし実態はどうか。国家は「法」によって各人の「自由」を保証するが、まさしくそのことで全般的な「搾取」を合法化し正当化する。法とは人々の自由から形成されたものである以上、それによって作り出されたこの社会の秩序は、まさしく人々が選んだものである、という論法で。

つまり、「国家」とは、ヘーゲルの考えに反して、伝統的秩序であれ近代国家であれ、支配階級の利益を「幻想的共同性」によって正当化するシステムであるという点にその本質をもつ。「近代国家」は普遍的な主奴構造からの人間の解放の「完成形態」であるどころか、階級支配の最終的な完成形態にほかならない。

このマルクスの「国家」本質論を、ひとことで「幻想支配国家論」と呼ぶことができる。国家は「幻想的共同体」であるというこの批判は、きわめて強力な説得力をもち、現在にいたるまで、現代的な「国家」批判の最大の源泉になっている。たとえば、グラムシ、アルチュセール、フーコーなどは、近代国家は、その国家幻想の一体性によって、伝統支配の直接収奪に代わる、文化的馴致《じゅんち》による主体＝個人の「国家」への従属というシステムを作り出した、とする現代国家批判の代表的系譜である。

この「幻想国家」の批判は、階級対立が曖昧になってきた二〇世紀後半ではますますリアリティを増し、ベネディクト・アンダースンやブルデューなど、また日本でも吉本隆明《よしもとたかあき》や柄谷行人《からたにこうじん》などの国家批判も、個々のニュアンスは違っても、大枠ではこれに属している。つまり、現在のほとんどの国家批判は、この類型――「国家」は幻想であり、正当性をもたず、その「自由」は欺瞞的である――をとっているといえる。

マルクスによる資本主義批判

さて、もう一つのマルクスの批判の柱は、近代社会の経済システムとしての資本主義批判である。

マルクスの『資本論』の仕事については、すでに数え切れないほどの〝現代的解釈〟が存在する。その理由は微妙である。

哲学者のテクストでは、難解すぎてその核心を正確につかむことが難しいという理由で、さまざまな解釈がおびただしく積み上げられるということがしばしば生じる。しかしマルクスの場合、もう少しやっかいで、彼のテクスト自体は、たとえばフィヒテやヘーゲルなどドイツ観念論哲学にくらべるとずっと明快である。しかし、ここでのマルクスのテーマは、資本主義メカニズムの総体的な分析と資本主義の可能性という近代社会にとって決定的に重要な問題であり、マルクスの格闘にもかかわらず、解き残された問題を多く含んでいる。まさしくこのために、それはきわめて多くの議論を呼んできたのである。

しかし、マルクスの主張だけに限定すれば、かなりシンプルに整理することが可能である。近代社会は、ほんらい万人の「自由」を実現する理念とともに登場したが、実際はそうではなく、法と国家によって富の格差と支配を必然化するようなシステムとなっている。そこではタテマエ上は、すべての人によって、その経済行為について自由な選択による「等価交換」が行なわれている。一体、何が、この富の格差の拡大とそれによる人間の支配・隷属を可能にしているのか？　この資本主義のシステムの「カラクリ」を解明すること。これが『資本論』の中心モチーフである。

『資本論』の議論のポイントを順に追うとこんなふうになる。

まず、資本主義は、自由市場システムを土台としてもつ。そこには一見不明なところはない。商品が生み出され、人々はそれを消費する。人々は商品につけられた価値を、同じ価値の貨幣によって買う。ここでは等価交換ということが原則となっているので、誰も大きく損をするわけではない。しかし資本主義とは、お金がお金を〝増殖〟させるシステムである。資本家だけが生産手段を所有し、そのことで自分の貨幣を〝増殖〟させることができる。いたるところ自由かつ公正な取引が行なわれているはずなのに、なぜ、その結果が、富の配分の偏在、格差の巨大な拡大となるのか。つまり、単なる「貨幣」が自分自身を増やすもの、すなわち「資本」となるその秘密は何か。これが第一におかれた問いである。

これについてのはじめの答えは、「貨幣」という商品の独自性である。貨幣は、商品の交換を媒介する手段であるとともにそれ自身一つの「商品」でもあるが、ほかの商品と違って独自の性格をもつ。はじめ貨幣は、商品の価値を表示する単なる「信用票」のように見える。しかし、それはむしろ、その流通によってあらゆる商品を「価値」の一般的体系へと組み入れてしまう独自の商品である。

どんな商品も個々人にとっては具体的な「使用価値」という側面をもつ。だが、さまざまな商品の中から「貨幣」が商品の「王」（メタレベル）として選び出されることで、あらゆる商品は、すべてが価格順に並べられる〝一般価値の体系〟に組み込まれる。言い換えれば一切の商品をその価格順に並び換える。これこそ貨幣の独自の不思議な性格であり、そして、まさしくこのことが貨幣が「資本」となるための前提である。

つぎに、貨幣はいかに資本となるのか。商品流通の世界では、あらゆる商品の一般的価値は、それが作り出されるのに必要な、その社会の平均的な労働時間によって決まる。ところで、労働者の「労働力」もまた一つの「商品」として流通するが、ここでは、労働力だけが、ほかの商品とは違った独自の性格をもつ。つまり、労働力はある財に自らを付加することで、その財の価値を大きく増大させるような商品なのである。

たとえば原材料一〇〇円の財に労働を加えることで、二〇〇円の価値（価格）の商品が作られるとする。これが製造過程で起こることだが、この場合、労働者の労働力の価値（価格）は、労働者が自分の体力を再生産するのに必要なコストであり、たとえばそれは五〇円である。残りの五〇円は資本家が取り、こうして価値の増殖が成立する。この過程で、資本家の貨幣一五〇円は、二〇〇円の貨幣となって戻ってくる。マルクスによれば、これが貨幣の価値増殖（剰余価値）の基本のメカニズムである。

『資本論』のもう一つの試みは、資本主義システムは、たしかに社会の価値生産を持続的に推し進める独自のシステムだが、しかし、本質的な不均衡によって、最終的には自分自身を破壊する原理を内在させている、ということの証明である。

これについても簡潔にまとめることができる。マルクスの前提では、剰余価値は労働者の労働時間からのみ生まれる。より正確には、労働時間のうち労働力の正当なコストを超えて行なわれる労働時間からのみ生まれる。だから資本家は、できるだけ多くの労働時間を買い、剰余労働から生まれる剰余価値を手に入れようとする。

しかし一方で資本家は、資本家どうしの激しい競争のうちにある。ここで資本家は能率のよい機械を導入することで、よりコストを引き下げ、競争に打ち勝つことができる。だがそれはあくまで個々の資本の場面における話だ。社会生産が進展するにつれて労賃は上昇するので、資本家はより生産効率のよい機械を導入する傾向を強める。だがこの傾向は、社会全体としては、資本家が労働時間から〝搾取〟する剰余価値の減少を意味する。こうして、資本家の生産性の向上のための機械導入競争は、総体としては、資本の利潤率の全体的な低下へと向かう。

このことは、経済の総体的な不均衡をもたらし好況と不況の波を必然的にする。利潤率の低下は、資本家階級の成立を不可能にするのではなく、その競争的な本性をあらわにして、不況ごとに、より弱小な資本を淘汰《とうた》してゆき、生き残った資本家をますます少数に、またますます強大なものとしていく。つまり資本の集中の必然的傾向である。

このような理由で、資本主義は、その本性として、持てるものをますます富ませ、持たざるものをいっそう絶対的な貧しさへと押しやるような原理、つまり富の格差拡大の原理をもつ。資本主義のメカニズムは、見てきたような〝搾取〟による剰余価値と、資本家どうしの生産競争においてもつため、この本性的な傾向を克服することができない。

この転形過程のあらゆる利益を横領し独占する大資本家の数の不断の減少とともに、窮乏、抑圧、隷従、堕落、搾取の度が増大するのであるが、また、たえず膨脹しつつ資本主義的生産過程そのものの機構によって訓練され結集され組織される労働者階級の反抗も、増大する。資本独占は、それとともに、かつそれのもとで開花した生産様式の桎梏となる。生産手段の集中と労働の社会化とは、それらの資本主義的外被とは調和しえなくなる一点に到達する。外被は爆破される。資本主義的私有の最期を告げる鐘が鳴る。収奪者が収奪される。(マルクス、向坂逸郎訳『資本論㈢』四一五頁)

こうして、マルクスが『資本論』を通して明らかにしようとしたのは、「資本主義の不可能性」の原理ということであった。

第三章　近代国家の本質

1　経済システム——「普遍交換」と「普遍分業」

近代国家とは何か。この問いに対するマルクスの答えはこうであった。第一に「経済システム」としては、タテマエ上の「等価交換」のうちで行なわれる、価値の搾取（不等価交換）の総体的システムであり、そのことで社会的な富の偏在と独占のメカニズムとなる。第二に、「政治システム」としては、各人の「自由」の承認という幻想のうちで行なわれる、搾取、収奪、そして富による支配体制の近代的完成態にほかならない。

見てきたように、現代の批判思想は、さまざまな形をもつにもかかわらず、ほとんどの場合、このマルクスの「幻想支配国家」説の変奏形態だった。それはしかし、現代思想がマルクス思想の手軽な亜流にすぎないということではなく、むしろ、マルクスの近代国家批判に一定の根拠があるということを示している。

だが、にもかかわらず、わたしの考えでは、マルクスの近代国家論には、大きな誤認がある。第一に、近代国家の経済システムである、自由市場経済システム（＝これが近代国家の中で「資本主義」システムとなる）の「本質」の誤認であり、第二に、「国家」（したがって近代国家）の本質それ自体に対する誤認である。

ここで経済システムや国家の「本質」とは、主としてその〝存在理由〟を意味するが、この資本主義と近代国家の本質の誤認が、現代批判思想における「批判すべき対象」の決定的な〝取り違え〟の原因となってきたのである。

そこで、この章では、近代の「経済システム」と「近代国家」の本質を、まずその理念に即してできるだけ簡明に示し、それをマルクス的な批判論に対置してみたいと思う。

経済学は、一社会の財の生産とその分配のシステムと動きを、商品、貨幣、資本、土地、労働といった基本概念によって、可能なかぎり客観的に説明しようとする学問である。しかし、その課題の力点は、時代によって異なる。アダム・スミスは、自由市場システムが社会にとってもつ基本的意味をはじめて定位したが、リカードは、このシステムのうちでは、土地所有者が一人勝ちになるという危険を示し、マルサスは、人口の問題と供給過剰の問題を提起した。また、見たように、マルクスの経済学のテーゼは「資本主義の不可能性」であり、それは経済学の批判を含んでいた。しかし、その後経済システムの最適効率を実証的に見出すことを中心の目標とする近代経済学が現われ、マルクスのこの根本テーゼは反駁《はんばく》される（ワルラス、マーシャル、パレート、ケインズ、シュンペーター、フリードマンなど）。

ところで、わたしがここで試みたいのは、経済学的な理論とは別に、近代社会の経済システムの本質を、哲学的な観点から把握することである。経済学によれば、資本主義の一般的な定義は、資本の自己増殖によって自らを拡大してゆく経済システムだとされる。しかし哲学的にはそれは、〝歴史上はじめて現われた持続的な拡大再生産を可能にする経済システム〟と定義されねばならない。その意味は以下のようである。

近代社会は、政治システムとしては、はじめて「人民主権」の原理をもったが、経済システムとしても、それまでの社会とは決定的に異なる構造を作り出した。

近代以前の伝統支配社会での経済は、人民が自然に対し労働を加えた結果としての収穫物が社会生産のほぼすべてであり、その三分の一から半分を専制権力が〝収奪〟するという形をとった。専制権力は、その集められた財（富）によって軍隊を養い、基礎的インフラを整備し、統治支配を行なう。総じてこの収奪は、人民が自らの労働を再生産できるだけの必要最小限を残すような割合で行なわれる。*11

*11 一〇世紀以前のヨーロッパ中世では、たとえば麦の収穫効率は播種《はんしゅ》量のわずかに二、三倍だったと言われる。これは支配階層が農民から多く収奪できないということであり、ヨーロッパで中国のような強力かつ集権的な権力が成立しなかった一つの要因とみなされている。

その理由は権力者の専横や過酷さにあるのではなく、もっと構造的な必然による。どんな国家でも、ほかの国家や共同体との競合関係のうちにおかれているので、軍事力や統治力の強化をつねに最優先しなくてはならない。さもないと、国家の存続にかかわるのだ。だからどんな権力者も、人民の総生産物を可能なかぎり収奪して国家を統治するほかはない。しかし、ここでは、生産力の発展の要因は、人口の増加、生産技術の進歩、治水などインフラ整備などに限られている(あとは戦争による略奪経済)。これが伝統支配の経済システムの基本形で、統治の形式の多様性にもかかわらず、ほぼ不変だった。*12

＊12　優れた経済史家ハイルブローナーは、「社会が習慣や命令によって動いているかぎりは、社会を理解しやすくする役回りの経済学者などはまったく必要とされなかった」と書いている。経済学は、「市場システム」と呼ばれるものが現われ、この構造がきわめて複雑で秘密めいたものであることが意識されてはじめて登場した。(八木甫他訳『入門経済思想史　世俗の思想家たち』二八頁)

近代社会の経済システムは、「自由市場経済」からはじまる。自由市場経済が近代国家によって制度的に保証されることで資本主義システムへと転化してゆくが、その特質は、ひとことで、〝絶えず社会の生産力を増大させてゆく経済システム〟という点に尽きる。なぜこのような経済システムが可能になったのかは、経済学の理論ではいわば自明化されており、さほど明瞭《めいりょう》には説明されない。哲学的には、近代の自由市場システムの基本構造は、「普遍分業」「普遍交換」そして「普遍消費」という概念をおくことできわめて明らかになる。

市場システムの決定項、普遍分業

『国富論』の冒頭で（第一編第一章「分業について」）、アダム・スミスは、彼が目撃したあるピン作り（中型ピン）の製造工場における「分業」の様子を、印象的な仕方で描いている。

「ある人が針金を引きのばし、次の人がそれをまっすぐにし、三人目がこれを切り、四人目がそれをとがらせ、五人目は頭部をつけるためにその先端をみがく」。区別された仕事は一八工程、それを一〇人の工員が受けもつ。「彼らはたいへん貧しくて、必要な機械類すらも不十分にしかあてがわれていなかった。それでも精出して働けば、一日に約十二ポンドのピンを全員で作ることができた」（玉野井芳郎他訳、七二頁）。一二ポンドは数にして四万八〇〇〇本以上のピンになる。そして彼は考える。「もしかれら全員がそれぞれべつべつに働き、まただれも、この特別の仕事のための教育を受けていなかったならば、かれらは一人で一日に二〇本のピンどころか、一本のピンさえも作ることはできなかったであろう」（前掲書、七三頁）。仮に一人が一本を作るとして、つまりここでは、「分業」が、これまでの財の生産性を、四八〇〇倍に高めたことになる。

スミスは、分業が生産力を増進する理由としてつぎの三点をあげている。

①個々人の技能の熟練

②仕事の転移（移行）における時間の節約

③分業の専門化にともなう専門機械の発明、進歩

　このうちとくに重要なのは③である。これらの専門家は「なにごともせずにあらゆる事物を観察することを職業とし、したがってまた、最も離れた、しかも類似していない諸対象の力をしばしば結合することができる」。そして、これが飛躍的な技術の発展を可能とする。また同時に、学問分野の細分化が絶えず進められる。「社会の進歩につれて、学問や思索は他のすべての仕事と同じように市民の一特定階級の、主要なまたは唯一の職業となり生業となる」（前掲書、七八頁）。すなわち、労働技能の分業と同時に、知の分業ということが並行的に、相互促進的に発展する。

　スミスのこの記述には、われわれが「市場システム」の基本原理を取り出す上で、もっとも重要な洞察が含まれている。スミスがここで直観しているのは、分業だけが、従来の自然な生産力の発達では考えられない「爆発的な」生産性の増加を可能にするということ、つまり、分業だけが、社会生産を飛躍的に増加させ、そのことによって一般民衆の生活を向上させる希望の原理となるだろう、ということである。

　よく統治された社会では、人民の最下層にまで普遍的に富裕がよくゆきわたるが、そうした富裕をひきおこすのは、分業の結果として生じる、さまざまな技術による生産物

の巨大な増加にほかならないのである。（前掲書、七八頁）

マルサスが『人口論』で示唆したように、社会が富んでいるか否かは、要するに財と人口の比率、つまり一人当たりの財の豊かさで決まる。そして、実質的には「分業」の発展だけが、社会の豊かさを増すための決定項だということである。もちろん、社会生産の増大は、適切な配分なしには広範な人民の生活の向上には結びつかない。しかし、社会生産の増大はその必須の前提である。

「覇権の原理」が専制収奪支配の形をとるのは、支配者の権力欲望によるというより、そこに基礎的な財の希少性が存在するからである。財の希少性は基本的に社会の暴力契機を高め、その克服の方途として「覇権の原理」が現われる。近代社会が人々を同質的な強制労働から解放して自由な生業を許すためには、基本的に生産力の大きな上昇が不可欠だった。社会的な富（財）の増大は、ただちに自由の普遍的解放を生み出すわけではないが、そのはじめの必要条件なのである。

ここから、つぎのことが明らかになる。近代の「市場システム」は、生産のシステムとしての決定項を「普遍分業」にもつ。すなわち、社会の〝いたるところで〟「分業」が持続的に進むというシステム、それが財の生産をつねに持続的に増大させる近代の経済システムの本質である。人々は個別的には貨幣を増やすことでしか財を増やすことができない。

しかし社会全体としては、分業の促進だけが、総体としての富の増大を可能にする。近代国家は、人類史上はじめてこのような生産のシステムを作り出したのだが、このことが資本主義のもつ第一の社会的本質である。

普遍交換から普遍分業へ

いま見たように、新しい生産システムとして近代社会を考えれば、その決定項は「普遍分業」、つまりあらゆる場所で分業が進歩してゆくことにある。しかし「普遍分業」は、それ自体では成立しない。それは「普遍交換」（いたるところで財の交換が展開すること）によってはじめて可能になる。

アダム・スミスは端的にこう書いている。分業は「人間の本性上のある性向、すなわち、ある物を他の物と取引きし、交易し、交換しようという性向の（略）必然的な帰結」（『国富論』八一頁）である。これに対して、カール・ポランニーのような経済学者は、「人間の自然な本性としての交換」という考えを批判している（『大転換』）。

もし「交換」が人間の自然な本性であり、「分業」がその必然的な結果であるなら、どんな文明も、交換と分業の普遍化、つまり「自由経済システム」へと移行してゆくことになるはずだが、実際にはそうではなかった、と。これはポランニーの言うとおりであろう。閉じられた共同体の中では、分業はごく基本的なものにとどまり（男女の分業、協同労働における基本的分業、階層の分業)、「普遍分業」にまで進化する理由をもたない。しかし事実としては、普遍交換とそれにともなう普遍分業の体制がヨーロッパに生じ、それが資本主義へと転化していった。その理由はなんだろうか。

たとえばわれわれはマックス・ヴェーバーの説(プロテスタント的エートスがヨーロッパでの資本蓄積の引き金になったとする)やヴェルナー・ゾンバルトの説(近代の宮廷恋愛に付随する贅沢《ぜいたく》がその引き金となったとする)を知っている。だがいずれも一つの仮説、しかも資本主義の展開の一局面についての仮説にとどまっており、なぜヨーロッパで資本主義が先発したかについての決定的な説とはいえない。またそれについての実証的な検証がここでのテーマではない。ここでわたしが示したいのは一つの哲学的な基本構図である。

何らかの理由でヨーロッパに「普遍分業」が生じたのだが、それはまた、何らかの理由でまず「普遍交換」が先行したということを意味する。重要なのは、あくまで普遍交換だけが普遍分業を可能にするという関係だが、いまこれを分かりやすくするために、普遍交換から普遍分業への推移のプロセスを憶測的仮説として思い描いてみよう。

ヨーロッパの資本主義の成立についての経済学史上の一般的説明は以下のようだ。まず、中世の荘園制があり(八―一二世紀)、つぎに中世商業都市が成立して貨幣経済が浸透してゆく(一一―一四世紀)。さて、その後の北イタリアやヨーロッパ北部での貿易都市の発展(一三―一四世紀)が重要だ。まず一三世紀に、ヴェニス、ジェノヴァ、フィレンツエ、ナポリなどの地中海貿易都市が興ってルネサンス運動の下地をなすが、その事情は、大塚久雄《おおつかひさお》によれば次のようである。

これらのイタリア諸都市における「貨幣経済」の繁栄は、ほぼ十三世紀にいちおう頂点に達する（略）。東方からは胡椒を中心とするさまざまな香料や薬味、染料、それに諸種の奢侈的織物がもたらされ、これに対して西方からの輸出は金・銀・銅などの鉱産物が圧倒的に多く、それに毛織物その他の工業製品や黒人奴隷などが交えられていた。（略）こうした商品取引とならんで、金融業ももちろん著しい発達をとげた。とくにフィレンツェは、毛織物工業とともに、そうした金融業の繁栄の波頭にたち、あの史上有名なメディチ家を先頭に、フィレンツェの大商人たちは、両替、送金為替から高利貸付にいたるまで、金融業務の網を国際的に張りめぐらした。（大塚久雄『欧州経済史』八二頁）

アダム・スミスも、水上輸送の圧倒的な利点についてこう述べている。「御者二人、八頭だての大型馬車」であれば、ロンドンとエジンバラを「約六週間かけて、四トン」ほど荷物を運ぶ。これに対し、七人ほどの水夫がロンドンとリース港（エジンバラ）を航行すると、「ほぼ同じ時間で二百トンの貨物を積んで往復する」が、これを陸上輸送に換算すれば、「百人の御者が乗り、四百頭の馬が引く五十台の広輪の大型馬車で運べるのと同じ量の貨物を往復させることができる」(『国富論』八六―八七頁)。

海洋貿易の利点は、まず第一に圧倒的な輸送量とそれに伴う低コストである。第二に、それは遠隔貿易を可能にし、そのことでそれぞれの地域に存在しない商品を交換し、大きな地域価格差を取り出すことができる。これが意味するのは、「ヴェニスの商人」に象徴されるような、大きな利潤をともなう海洋貿易の繁栄である。

一三世紀イタリアの商業都市に約一世紀遅れて、北ヨーロッパでもリューベック、ハムブルクなどハンザ諸都市が栄え、北海とバルト海を結ぶ広範な海洋貿易地域を形成する。要するに、一三、一四世紀に、ヨーロッパ大陸の北と南の双方に大きな海洋貿易航路が成立し、しかも大陸内にはすでにシャンパーニュ大市に代表されるような商業交易陸路も形成されていた。こうして、ヨーロッパでは一四世紀ころまでに、商業＝交易の広範なネットワーク、つまり「普遍交換」のシステムが形成されたといえる。

その後、ヨーロッパの商業の体制は、コロンブス、ヴァスコ・ダ・ガマの新大陸とインド航路の発見による「商業革命」によって大きく変化し、やがて、重商主義から産業革命へと進んで行くことになる。しかし、一三、四世紀に現われた広範な海洋貿易がヨーロッパにおける「普遍交換」体制の重要なきっかけとなったことは大いに考えられる。もちろんさて、つぎに重要なのは、この「普遍交換」と「普遍分業」との関係である。

実際の経済の展開は紆余曲折《うよきょくせつ》を含み、決して単純ではない。しかし大塚久雄によれば、ヨーロッパ経済は大きく次のような方向を進んだ。ヨーロッパでは、中世都市ギルドから出た古い「問屋制」と、農村工業を軸とする「中産的生産者層」（ヨーマン、バウエルなど）とのせめぎあいがあるが、徐々に後者が主役となる。やがて中産的生産者層の両極分解が生じ、ここから「産業資本の基礎形態たるマニュファクチャー」が成長してくる。

つまりこういうことだ。商人（商業都市）は、財の大量輸送によって大きな利潤をうる。だから商人は、買い手が存在するかぎり、できるかぎり多くの商品を確保したい。そこで商業資本は伝統的なギルドや農村共同体に入り込み、商品となる特定の財をよりいっそう多く生産するよう、あらゆる手段を使って働きかける。つまり「分業」を促すのだ。この過程で、古いギルド的体質をもった商業資本は駆逐され、新しい産業資本が古い領主支配の秩序にあらがいながらこれに取って代わってゆく。おそらく、このようなプロセスをへて、ヨーロッパでは「普遍交換」の進展がつねに「普遍分業」の展開を促しつづけたのである。

2 普遍交換、普遍分業、そして普遍消費

いま示したようなヨーロッパ経済の進展のプロセスは、もちろん一つの象徴的な構図にすぎない。ここで問題なのは、ヨーロッパの市場システムの展開についての実証的考察ではなく、近代社会の経済システムの本質とは何かということだ。つまり、それが社会的な財(富)の生産を持続的に増大させるはじめての経済システムとして現われたということ、またそれが、おそらく、普遍交換と普遍分業の相互促進のシステムとして可能となったということ、この二点がここでのポイントである。

世界史的には、大きな国家(帝国)の栄えるところ、必ず商業の繁栄が見られる。たとえば、古代文明のアッシリア、フェニキア、カルタゴなどは典型的に商業立国型の国家であり、これに対して、古代中国はむしろ農本型専制支配の類型に入る。

チグリス・ユーフラテス流域や地中海沿海地域では、つねに大河や海路を販路とする交易と商業が発展した。こういう場合、富の蓄積は、農民からの生産物の収奪だけでなく、商業の振興による貨幣の蓄積(それは商人と政治権力がシェアする)という要素がともなう。だからふつう人は、商業の発展が貨幣を増やし、その結果王国の宝物殿には金銀財宝

が蓄えられ、それが国を富ませると考える。しかし実際には、商業はただ、財（商品）をあちらからこちらへ移動させるだけであって、それ自体ではなんら社会の富を増やすことはない。むしろ、交易から得られる大きな利潤が動機となって、分業による財の増産がつねにうながされること、これが社会の富の総量を拡大させるのである。

だが、もう一つ重要なことがある。普遍交換と普遍分業の相互的なサイクルは、じつはそれだけでは持続できない。普遍交換が普遍分業と財の増大を支えるのだが、このサイクルはまた、「普遍消費」によってはじめて支えられるということだ。

近代に至るまで商業はさまざまな仕方で発展したが、それはほとんど地域的な交換と分業の拡大にとどまり、普遍交換-普遍分業の持続的なサイクルにまでは進まなかった。普遍交換-普遍分業のサイクルが持続的な拡大を続けるためには、「普遍消費」、つまり増大した生産財が広範な民衆によってたえず消費される、ということが不可欠だからである。それがなければ、増産された財は〝売れ残り〟、交換も分業も縮小してゆくことになる。

近世の宮廷恋愛の流行による奢侈《しやし》・贅沢、つまり消費の大きな拡大が、資本主義の発展の重要な契機をなしたというヴェルナー・ゾンバルトの説はよく知られているが（『恋愛と贅沢と資本主義』）、この説は、交換-分業のサイクルが、増大した「財」の大量の消費なしには持続しえないことをよく示唆している。伝統社会では圧倒的多数の民衆は、ほとんど自給自足の生活をしていたから、奢侈的な消費を行なう階層はつねにごくわずかだった。つまり、資本主義的な経済の展開は、何らかの仕方での富の大量消費を必要とするのである。

ところで、これに関連して次のような興味深い学説がある。

初歩的な事実から出発しよう。生命体は、地表のエネルギーの働きが決める状況の中で、原則としてその生命の維持に要する以上のエネルギーを受け取る。過剰エネルギー(富)は一つの組織(例えば一個の有機体)の成長に利用される。もしもその組織がそれ以上成長しえないか、或いは剰余が成長のうちに悉《ことごと》く摂取されえないなら、当然それを利潤ぬきで損耗せねばならない。好むと好まざるとにかかわらず、華々しいかたちで、さもなくば破滅的な方法でそれを消費せねばならない。(バタイユ、生田耕作訳『呪われた部分』二四―二五頁)

人間という生命体は、基礎的な成育に必要な分を越えた過剰エネルギー(富)を、太陽エネルギーから蓄積する。人間社会は財をため込む。しかしこれを適切な仕方で消尽(消費)しなければ、それは「破滅的な」仕方、つまり「戦争」という形式で行なわれることになる。バタイユは自らこの独自の〝経済学〟の構想を「普遍経済学」と名づける。

バタイユの説は、いわば「なぜ戦争が起こるのか」についての一つの根本仮説になっている。共同体にため込まれた過剰なエネルギーは、ちょうど身体に蓄えられた過剰な脂肪のようにその適切な循環機能を損なう。古来、共同体は、ポトラッチ（北アメリカ部族に見られる饗宴《きようえん》的贈与交換）蕩尽《とうじん》、生け贄《にえ》による供儀、奢侈的消費などの仕方で、この内的充血を取り除いてきたが、それでも過剰なエネルギーを消化できないとき、それは戦争という形態をとる。現代においても普遍経済学の原理は不変であって、富を過剰にため込んだ先進国からの、まずしい国への富の贈与やその他の消費だけが、戦争要因を引き下げるであろう……。

この説は、ややフィクショナイズされた仮説ではあるが、われわれの主題にとってきわめて重要な意味をもっている。わたしはバタイユ説を少し変換してみよう。

さしあたり言えば、伝統社会では、富の奢侈的消費は王侯階層のみの特権であって、絶対的限界がある。バタイユによれば過剰な蓄積が消費の限界に達したとき、共同体は軍事的消費によってこの限界を乗り超えるとされる。たとえば、中国の覇権の交代は、北方民族に対処するための膨大な軍事費による財政の危機、そして門閥と宦官《かんがん》による内部の権力争いという二つの契機によって生じたのに対して、オリエントやペルシャにおける覇権争いは、典型的に、蓄積された富と商業利権をめぐる「戦争共同体」どうしの侵略と征服という形をとっている。アッシリアやペルシャの場合、その拡張の力はすさまじく、ヘロドトスの『歴史』は、まさしく覇権的「戦争機械」ペルシャ帝国を中心とする「戦争共同体」どうしの侵略・征服の歴史である。

つまりバタイユの言うように、伝統社会で蓄積された富が特権的消費層の豪奢の範囲を超えると、武力の増強にあてられ、軍事的拡大の動機をいっそう強めることになる。ここでは、戦争は国家間の勢力図の再編をもたらし、強力なものがますます弱小なものを吸収する、という具合に進む。このことで、より大きな消費層が現われるが、しかし、伝統支配社会の消費層には割合の上で限度があり、分業＝生産の発展はつねにこの消費層の大きさに限界づけられる。つまり、ここでの交換と分業の相互促進は、巨大な支配の三角形の頂上部をなす支配階層の、奢侈的消費の総量をその限界としてもつのである。

しかし、近代国家では、人民の自由が解放されることで、全く新しい広範な消費層が現われることになる。人民は余剰生産物を国家の財として収奪されるのではなく、自らが拡大的な生産を行ない、また自ら増大した富の消費者となる。おそらくこのことが、はじめて普遍交換と普遍分業の持続的な拡大的循環を可能にするのである。

ちなみに、資本主義体制での国家間の戦争は、バタイユが考えたように、蓄積された過剰な富を消費するために戦争が生じる、というのではない。ここで戦争は、古代の共同体間の戦争論理とは異なる原則で生じる。まず第一に、国内の消費が普遍分業による生産の大きな増大をカバーできなくなるとき、一国家の普遍交換と普遍分業のサイクルは停滞する。国家は互いにその受け皿としての販路や市場を外側に求め、このせめぎ合いから戦争が起こる。第二に、近代国家間の経済競争の激化は軍事競争の重要性をますます高めるから、国家は過剰な富の消費のはけ口として軍備を行なうというより、むしろ国家の命運をかけて、生産された富の多くをますます軍備競争に費やさざるを得なくなるのである。しかしともあれ、こうして、近代の「市場システム」の本質のもう一つの側面が明らかになる。自由市場システムは、普遍交換と普遍分業の相互促進的拡大だけでなく、近代国家が人々を市民として解放することで、「普遍消費」という局面を新しくひらき、さらに近代科学と技術の急速な進歩が分業の質を飛躍的に高めることで、はじめて産業「資本主義」へと転化するのである。

財の普遍交換と普遍分業（つまり生産テクノロジーの進歩）の相互促進という構造が、普遍消費に支えられることによって、はじめて人口をはるかに超える財の生産を可能とする経済システムを作り出した。これが、近代国家の政治システムを支える土台としての経済構造である。しかし、ここで交換と分業の相互促進が「普遍消費」に支えられるということの意味はきわめて重要である。

先に見たようなバタイユの思想は、消費を伴わない富の蓄積ということに孕《はら》まれる人間的欲望の本来的転倒と、そこから現われる危険に向けられている。人間的欲望の本義は、もともとはエロスの享受と蕩尽にあり、財の蓄積とは、将来の享受と蕩尽のための欲望の一時的遅延を意味するはずだ。しかし、貨幣が交換一般の媒介者となるや、蓄積自体が欲望の対象となる。そういうニュアンスがバタイユの考察全体を底流している。たしかにこの事態には人間的欲望の独自の転倒があり、マルクスもまた『資本論』のいたるところでこの事実を示唆している。しかし、この欲望の転倒の本質が何であるのかをもっと明確につかむためには、われわれはさらに少し回り道をしなければならない。

ともあれ、この節のまとめをおこう。

まず第一に言うべきは、近代の政治システムの基本的な設計図が、近代哲学者によって構想されたということ。しかしそれは自由市場＝資本主義システムという新しい経済システムを土台としてはじめて可能となった。普遍交換と普遍分業の相互促進が社会の生産性を爆発的に増大させ、そのことがはじめて財の希少性を解消し、人民の「自由」（享受と消費）の解放の前提条件を作り上げたのである。

第二に、マルクスは資本主義における資本の増殖の秘密を、「剰余価値」と「剰余労働」という概念から捉《とら》えようとした。そこに含意されているのは、資本家による労働者の「搾取」ということ、すなわち資本主義システムに含まれる「欺瞞《ぎまん》性」「詐取性」「幻想性」ということである。だが、剰余価値の概念は、なぜ利潤が資本家に帰着するかを説明するが、社会の富の持続的な増大という資本主義システムの社会的な本質を説明するわけではない。社会全体の富の増殖の理由は、普遍交換と普遍分業の相互促進という概念で考えるのがより妥当である。

第三に、マルクスによる資本主義システムの〝不可能性〟の理論は、決定的な仕方では証明されず、そのため多くの理論から反駁されることになった。「搾取」の概念について整理すると、第一に、もしマルクスのいう「搾取」、つまり剰余価値がないことが正当であるなら、つまり資本家が労働者に完全な対価を支払うなら、資本主義システム自体がなりたたない。第二に、現在では、だれもが資本家にも労働者にもなれるというルールがある限り、基本的には、社会全体が搾取を正当化していると主張することは難しい。

こうして、マルクスおよびその後の多くの論者たちの批判にもかかわらず、「自由」の普遍的解放を近代社会の一公準とするかぎり、資本主義の存在理由は否定しがたいものとなる。資本主義の問題点は、その経済システムが幻想的（欺瞞的）なものだということからではなく、後に見るように、むしろ近代社会の「正当性」理念から取り出されなくてはならない。

3　近代社会の政治システム

自由、所有、そして法

マルクスによるヘーゲル国家論批判の中心点は、それが搾取と支配を正当化する「近代国家」のイデオロギー的擁護へと傾いているというところにあった。しかし、わたしの見るところでは、ヘーゲルの近代国家論は、徹底して人間的自由の本質を擁護し、それを社会的に実現しようとするところに根本的目標をもっている。この観点から『法の哲学』を吟味すると、マルクスの批判は、むしろ、近代社会のヘーゲル的理念を根拠とした、近代国家の現状の批判のように見えてくる。いま、この考えが荒唐無稽《こうとうむけい》なものかどうかを検証してみよう。

すでに見たように、ヘーゲル哲学の根本思想を、ひとことで「自由」の本質の展開、という概念で示すことができる。古い有神論的世界像の外皮をかぶっているが、その内実は、人間は自らの本質である「自由」を歴史経験のなかで徐々に実現してゆくし、そのことは必然性をもっている、という考えにある。また、人間の「自由」の実現の進展を歴史の本質とみなし、この観点から歴史を描きなおすところにある。

ただし、ヘーゲルでは、歴史自身がそのような進化の力を内在しているというニュアンスが強いために（『歴史哲学』）、しばしばそれは歴史進歩主義と批判されてきた。ニーチェやフーコーのような、歴史それ自体には絶対的必然性はないという主張のほうが、いまではるかに一般的で説得力がある。しかし、その形而上《けいじじょう》学的残滓《ざんし》につまずかなければ、市民社会の理念という点で、ヘーゲルがここで示している考えはきわめて本質的なものである。

ヘーゲルの考えでは、人間は生来自由の権利をもつというわけではないが、人間の精神は自由を求めるという本性をもつ。人間が本性的に自己欲望＝承認欲望をもつからだ。ヘーゲルはこの自由を求める近代精神の諸類型を、『精神現象学』では、まず「自己意識の自由」として描き、つぎに恋愛や正義の「ほんとう」という「自我理想」として、さらに道徳、良心という「倫理精神」として展開する。

　しかし『法の哲学』では、自由の本質の展開は個人の精神の進み行きではなく社会的な形態として扱われ、「所有」→「契約」→「法」→「市民社会」→「国家」という展開のプロセスとして描かれる。だが、自由の本性が社会的に実現されていくプロセスとは何を意味するのか。その核心をひとことで言えば、「自由の相互承認」が社会的制度として徐々により本質的な形で実現されてゆく、ということ以外ではない。この点が理解されないと、ヘーゲルの『法の哲学』は、マルクスが批判したような恣《し》意的で抽象的な「自由の観念の自己展開」のように見えてくるのである。

　さて、ヘーゲルはまず「所有」の概念から始める。「所有」こそは、人間の自由のもっとも基礎をなすもので、これがなければどんな自由も存在しえない。具体的にはまず自己の身体の所有、そして自分と家族が生活をする上で最低限必要な用財、つまり土地、家、家畜などの所有である。

　少しコメントすると、「所有」の発生こそ人間社会の矛盾の元凶であるという考えは根強くある。たとえばマルクスは、はじめに共同所有が自然なものとしてあり、私的所有は分業その他から現われた人為的制度だと言い、ルソーは、まず土地を柵《さく》で囲ってこれは自分のものだと宣言した人間からすべての争いがはじまった、と主張した。しかし私的所有が自然なものでないというのは、現在の資本主義の矛盾から逆算された考えである。むしろ自己意識をもった人間の生活にとって財の所有は自然かつ基礎的だが、その度を越した占有が不自然なのである。

人間は原始的な集団生活のかなり早い時期から、最低限の私的所有の領域と共同所有の領域とを区分していたに違いない。そして最低限の私的所有があるところ、いわば最低限の自由の相互承認があったと考えることができる。つまり、相手の持ち物を相手に属するものと認めあうことであり、そうでなければ絶えずトラブルが起こるだろう。

さて、原始共同体が普遍闘争状態に陥り、共同体が強力な支配体制に組み込まれると、人間の隷属の度合いは高まり、自由と私的所有の余地は大きく制限されることになる。ニーチェが示唆したように、支配秩序が安定すると自由の許容度も高くなるが、それはあくまで社会の上層部においてであり、下層部では所有の自由はつねにきびしく制限されていたに違いない。

「普遍闘争状態」の概念がわれわれに示唆するのは、「所有」は人間にとって不自然で人為的な欲望だということではなく、むしろより大きな力の「所有」への欲望こそ人間の本性だということであり(所有の欲望の始発点は「力への意志」にまして不安だからである)、問題は、「所有」という観念を不自然なものとしていかに正すかではなく、所有を相互調整する相互承認の状態をいかに打ち立てるかにある。

さて、繁栄した国家は一定の自由な富裕層や商人層をもつ。こうした特権層では、一つの特権として所有(私有)が認められるが、同時にそれは特権層のあいだでの「契約」の観念を育てる。現在の観点からそれは不平等な特権に見えるが、歴史的に言えば、上層の人間どうしのいわば相互承認は、闘争状態を抑止する役割を一定程度果たしている。「契約」は、一般的に「所有」についての暗黙の相互承認と約束の遵守を意味する(とくに財の交換の場面で)。こうして「契約」は、基本的に二者間における相互承認の進展であり、この約束の遵守が広範囲に拡大され、一定の強制力をともなうとき、それは「法」と呼ばれる。

一般には「法」は、専制権力による実力をともなった命令を起源とするように見えるので、必ずしも「正義」とはみなされない。しかし、それでもそこには私闘の禁止や一定のルールにもとづく利害の調停の力が存在する。たとえばニーチェはここでもきわめて鋭い洞察を見せている。彼はこう言う。「正義の最古の規範」は、「ほぼ同等の力をもつ者たちのあいだの、互いに折り合いをつけ、決済によって(略)〈協調〉し合おうとする善意」にあり、また、「力の劣った者たちについては、彼らを強制して、(略)決済をつけさせようとする善意」（信太正三訳『道徳の系譜』四四三頁）である、と。

さて、ヘーゲルでは、この所有や人格の相互承認としての「法」が、万人の間の相互承認へと拡大し、社会全体として制度化されたのが「市民社会」（近代国家）である。だから、市民社会とは、「自由の相互承認」が、特定の階層からより多数の人間へと拡大してゆく歴史段階を意味する。次の箇所は、「自由の相互承認」としての「法」の本質、というヘーゲルの考えを象徴的に示している。

> 人格性は総じて権利能力をふくむ。そして人格性は、抽象的な、それゆえに形式的な権利《レヒト》ないし法の、概念およびそれみずから抽象的な基礎をなしている。それゆえ権利ないし法の命令はこうである——一個の人格であれ、そして他のひとびとをもろもろの人格として尊敬せよ。（藤野渉他訳『法の哲学』二三二頁）

「法」とは何か。「法」は、一つの制度の中でみると支配の手段のように見えるが、歴史のプロセスの中で見れば、その本質は、各人の「自由」が徐々に相互に承認されてゆく重要な一過程である。そして、市民社会の「法」にいたってそれは、人格とその自由の相互承認という本質をいよいよ露《あら》わにする。市民的「法」が含意するのは、まず自由で尊厳ある人格としての人間という自覚であり（この自覚はまだごく一部にしかなかった）、つぎにそのような自由な人格として互いに他者を承認しあうことである。このことによってはじめて人間の「自由」は、一部の人間の独占物ではなく、社会的な現実となりうる。それを保証するシステムが「法」であり、それ以外には、近代の「法」の本質と呼べるものはない。これが「法の理念は自由にある」というヘーゲルの言葉の意味するところだ。

つぎのような言い方も、ヘーゲルの「法」の本質についての考えをよく表わしている。

法（権利）の定義は、許可ないし権限をいうにすぎない。法（権利）がそのように抽象的なものであることからして、そこでいわれることは、人格および人格からの派生体を傷つけるな、という否定の形をとるしかない。したがって、禁止の法が存在するだけであって、肯定形をとる命令も、その最終的な内容からすると、禁止を基礎としている。

（長谷川宏訳『法哲学講義』九六頁）

「法」は禁止を基礎としているとは、それが権威をもつものの命令ではなく、ただ他の人間の自由（人格）を侵害するなということ、言いかえれば、「自由の相互承認」の制度的確定こそ「法」の本質である、ということにほかならない。[*13]

＊13　市民社会の「法」が実質的に市民の自由と平等を確保するものであることをよく傍証するのは、フランス人として新しいアメリカに渡り、その市民社会的な制度の進み行きをつぶさ

に報告したトクヴィルの『アメリカの民主政治』である。たとえば「けれども平等への道で最後の決定力をもったものは、相続法であった。（略）この相続法のために、各土地財産所有者の死亡は、その財産に革命をもたらすこととなる。財産は主人を変えるばかりではなく、いわば、性質をも変える。財産は絶えず、一層細区分化される」（井伊玄太郎訳、上巻、一〇一―一〇三頁）。あるいはまた「大領主たちによって創設されたメリーランド州は、まっ先に普選を宣言し、その政治全体に最も民主的な諸形態をとりいれた。（略）選挙資格は社会を規制する最も不変的な諸規則の一つである。選挙権の限界が拡げられるにしたがって、人々はこれを一層拡大しようという欲求を感ずるのである。なぜかというと、いったん新しい譲歩がなされた後には、民主主義の勢力は増加するし、またそれへの要求はその新しい力とともに増大するからである。（略）譲歩は間断なく相次いで起り、普選に到達するまでは停止することはないのである」（前掲書、一一八頁）。

ところで、このようなヘーゲルの「法」の定義は、マルクスの定義、つまり法は、一部の特権者の所有を力によって正当化し、そのことで国家の欺瞞的政治支配を合法化する装置である、という考えとはまったく正反対である。このマルクスの考えはきわめて説得力に富み、現代の国家や法に対するさまざまな批判の源泉になってきた（たとえば、法と国家はそもそも暴力の独占を起源とするので決して正当化されえない、といった批判はいまもきわめて多い）。これをどう考えればよいか。どちらかが決定的に誤っているのだろうか。

わたしの考えはこうである。マルクスによる法の批判は、法の現状の批判としては大きな妥当性をもっていた。しかし、法の本質論としては、ヘーゲルの考えが正しいといわねばならない。

ルソーの原理が示したように、各人の自由の確保ということを目標とするかぎり、全員の「自由の相互承認」の意志を示し、これを「ルール」と力（実力）によって保証する以外の方法は存在しない。あらゆるルールの本質は、赤裸々な暴力の代わりに「約束」をおくことであり、それが専制権力によっておかれた場合でも、見てきたように限定された仕方ではあれ自由の承認の確保を意味する。したがって「法」を、実力（暴力）によって支えられたものという理由で批判することはまったく的が外れている。「法」（ルール）はそもそも実力によってしか支えられず、したがって問題はこの実力を誰が制御するか、なのである。

ともあれ、こうしてヘーゲルでは、「法」は市民社会においてその本質をもっともあらわにする。もちろん、マルクスの意は、現実の市民社会では「法」は相互承認の保証として働くどころか、むしろ支配の完成に奉仕する、という点にあるので、この主張自体は妥当性がある。だがいま見たように、その意味するところは、「法」は本来「自由の相互承認」を実現するはずなのに、そのような状態からかけ離れている現状は不当である、ということでなければならない。

つまり、「法の本質」という観点からは、ヘーゲルの考えが基本的なものであり、近代国家の現実に対するマルクスの批判はむしろ、このヘーゲル的「法の本質」を根拠としていると言わねばならない。もしそうでなければ、われわれは、およそ法やルールがないほど人間は自由であるといった、あまりに素朴な表象から現実を批判することになるだろう。それは批判思想としてはたんなる空想にすぎず、なんら本質力をもたない。

市民社会から国家へ

さらに注意すべきことがある。わたしが言おうとしたのはつまり、マルクスによる〝現実〟への批判は、じつはヘーゲル的自由の理念を根拠としているということだが、まさしくヘーゲル自身が、その根拠からする「現実」への批判を『法の哲学』で試みている。それを確認してみよう。

「市民社会」では、「法」による「自由の相互承認」が徐々に進んでゆく。しかしこの「自由」は、当面は「所有」と「享受」の自由を意味する。つまり、各人が互いに、他を侵害しない限りで好き勝手に儲《もう》け、「所有」し、「享受」する自由を認めあうというのが、市民社会の原則である。ヘーゲルによれば、このことによって市民社会は必然的に「放埒な欲求の体系」となる。

だれもが特殊な目的を追求する市民社会は、あらゆる方面にわたって、特殊な欲求や、思いつきのわがままや、主観的な好みを満足させようとするものだから、その享楽のなかで、共同体としての社会をみずから破壊する。他方、欲求は限りなくかきたてられ、（略）必然の欲求も偶然の欲求も、それが満たされるかどうかは偶然に左右される。市民社会は、こうした欲求の対立とからみあいのなかで、過剰および貧困の舞台と化し、両者に共通の、肉体的・精神的な頽廃の光景を示すことになる。（長谷川宏訳『法哲学講義』三六八頁）

ヘーゲルはこのときすでにイギリスの資本主義の展開を見ており、労働者の惨状を克明に描いたエンゲルスの『イギリスにおける労働者階級の状態』（一八四五）に四半世紀先んじて、市民社会（資本主義社会）の問題点を的確に見抜いていた。

市民社会は一般に万人の「自由」を解放する。しかしこのことで、社会は、いわば「私利私欲」がせめぎあう「ゼロサムゲーム」としての「欲望ゲーム」となる。市民社会の「法」が保証する自由の相互承認とは、単に、個人の人権の確保といったことを超えて、各人の欲望の自由な追求の一般的承認を意味するからだ。その結果は、放埒な欲望の自由競争であり、そこから富の格差の拡大、さらにはそれに伴うさまざまな社会的矛盾の噴出が生じる。

ここでは、消費と享受の欲望は果てしなく拡大され、一方で巨大な富をため込み消費する人間が現われる一方、すべての社会生産が分業のシステムの中に巻き込まれる。このため、土地に依存する最低限の生活すらできない人間が続出し、貧民問題が発生する。人間の心は、この過酷な生存競争の中で退廃する。これらのことが、市民社会が自由を相互承認し、万人の享受の欲望を解放したことの必然的な結果として生じる。そうヘーゲルは言う。

しかし、またヘーゲルは次のように書く。

この欲望の放埒に伴う貧困のすさまじさは、ルソーほか同時代の知識人たちの心を痛めさせ、彼らは、「貧困ゆえの道徳的堕落、貧困にたいする人びとの憤りと怒り、期待と現実の矛盾にたいする憤怒、そうした状況への嘲笑、そこから生じる苦々しい思いと悪意を、深く認識し、迫真の表現」にもたらした（『法哲学講義』三六九頁）。しかしそれに憤るあまり、彼らはしばしば市民社会それ自体を否定して、思考を他の極端へと移す。つまり多様な欲望の存在しない、ぜいたくや貧困とは無縁な自然状態を、人間の理想状態として思い描く。しかし、このような人間の自然状態、素朴な人間の善性への回帰へという理想が、非現実的な夢想にすぎないことは明らかである、と。

その理由を補うとこうなる。市民社会は万人の自由と享受の欲望を解放するが、それはもちろん、支配者が一般民衆に社会の富を配分するということではない。欲望の普遍的な解放は、単に政治的な人権の解放によるのではなく、本質的に、市民社会における自由市場経済というシステムによって支えられている。新しい経済システムは諸刃《もろは》の剣であって、それは富を大きく増大させ、人々の「享受の欲望」を解放するが、同時に、格差、貧困、欲望の果てしなさや偏り、そこから現われる強欲、欺瞞、嫉妬《しっと》、傲慢《ごうまん》といった、市民社会以前にはごく一部の人間しか知らなかった欲望の狂躁《きょうそう》が現われ出るのである。

このために、この市民社会(近代社会)を廃棄することで、人間はもとの自然で純朴な本性にたち戻れるかもしれないと夢想する人々が出てくる(『学問芸術論』『人間不平等起源論』のルソーはその典型である)。だがもちろん、実際にそうなれば財の希少性が復活し、生存の不安にもとづく普遍闘争が生じ、そしてもう一度人類は専制支配のくびきにつながれることになるだろう。

要するに、ヘーゲルは、すでに当時の市民社会の状況のうちに、現在の資本主義社会が生み出す矛盾の本質を、きわめて正確につかんでいた。そしてこれに対するヘーゲルの処《しょ》方箋《ほうせん》は以下のとおりである。

市民社会は、人々の「自由」を解放するが、そのことで必然的に「欲望のゼロサムゲーム」となる。ヘーゲルの言い方ではそれは社会の「普遍性」が、個人の恣意的欲望によって分裂させられた状態である。市民社会自体は、解放された欲望ゲームにすぎないので、それ自身のうちにはこの矛盾を調整する原理をもたない。そこでヘーゲルは、この分裂を調停する原理として「人倫国家」の概念を提示する。
『法哲学講義』ではこう書かれている。

国家は、個人がわがままにふるまえるよう配慮するとともに、個人が国家と結びつき、しかも、その結びつきが外的な強制力として、服従を要求する悲しい必然性として、あらわれるのではなく、人びとがその必然性を認識し、結びつきが鎖ではなく、共同体の高度な必然性にもとづくものだと理解できるよう、配慮をめぐらさねばなりません。
（長谷川宏訳、三七二頁）

近代国家は、個人が他人の自由を侵害しない限りで自由に「私利私欲」を求められるように配慮し、保証する。それはルールに基づく自由ゲームとなる。だがこの自由ゲームがそのまま放置されれば、さまざまな矛盾が現われ、市民社会は自らの矛盾を修正する力をもっていない。そこで「国家」は、人々に、伝統支配のような国家への強制的な忠誠を求めるのではなく、社会全体の普遍的な結合（「共同体の高度な必然性」）によってはじめて各人の欲望の自由が可能になっていることを知らしめ、そのことで人々が「人倫 Sittlichkeit」（社会的倫理）の重要性を理解するように配慮しなくてはならない（「人倫」

は、ふつう慣習的道徳という意味。共同的、慣習的、社会的な倫理性であって、主観的な道徳性 Moralität と対比される）。

ヘーゲルの国家論は、近代哲学のさまざまな国家論の集大成であるだけでなく、ヘーゲルの哲学体系の複雑な諸要素も入り込んでいて、議論のたねはいくらでもある。それは立憲君主を擁護し、市民的民主主義よりもエリート指導層を重視するから、一見、保守的国権主義の色彩さえ帯びる。しかし、そのことは時代的な条件と制約のなせる業であって、ヘーゲルの「近代市民社会」と「近代国家」の理念の核心はきわめてはっきりしている。それを整理するとこうなる。

①伝統社会から近代社会へという歴史の推移は、民衆の「自由」への欲望という根本動因によって展開してゆく。

②それは、「自由」の相互承認の社会的表現である「法・権利」の展開として進み、ついに自覚的な「自由の相互承認」を基礎とする「市民社会」にまでいたる。

③しかし、市民社会は、必然的に、放埒な自由の欲望競争のゲーム（「放埒な欲求の体系」）となる。市民社会は、この矛盾を克服する原理をそれ自体としてはもたず、もし放置するならあらゆる社会生活の基礎である社会的倫理の分裂と崩壊にゆきつく。

④ここに市民社会の本質的矛盾がある。しかし、自由な欲望ゲームを廃棄し、もとの自然な社会にもどることでこの矛盾を克服することはできない。それは「自由」そのものを

不可能にするからである。この問題の解決は市民社会の欲望ゲームをつねに「人倫」の原理によって調停すること以外にない。そしてこの役割を果たすのが「人倫国家」である(世俗的市民国家ではなく、理性国家)。

つけくわえるべきことが二つある。第一に、ヘーゲルの「人倫国家」の構想の本質は、しばしば誤解されているように、何らかの全体的あるいは共同的国家理念を、個人の「自由」の上位に立てることにあるのではない。ヘーゲルでは、個人の「自由」の本質が社会的なしかたで十全に発現することにこそ、「自由の本質の本質」が存在する、と考えられている(これについては後の「事そのもの」論を見ると、もっとはっきりする)。

近代社会は「自由の相互承認」にその基礎条件を置いたが、それが単に個の欲望の自由競争に終わるなら、「自由の本質」の発現は絵空事に終わり、近代社会の本質自体が枯れてしまう。個人の「自由の本質」の発現の条件を配慮し整備することこそは、まさしく近代国家の本質的役割である。したがって、ヘーゲルの「人倫」の原理とは、いわば共同体が内在する〝互酬的原理〟によって、個人的自由の欲望を調停することにほかならない。たとえば、「大切なのは、理性が法律となること、そして、このわたしが個として自由であることとです。この二つが浸透しあい、わたしの特殊な目的や関心が、共同体の倫理と一体化することが重要で、さもなければ、国家は空中楼閣です」(『法哲学講義』五〇六頁)。

第二に、このことで、ヘーゲルの国家論が、ルソー的な契約国家論に反対する理由も明らかになる。

ヘーゲルから言えば、ルソー的契約国家説（ロックも含まれる）では、「社会契約」とは、各人の自由の権利の確保（奪還）のための市民の連合を意味する。それはまだ自由の一般承認にすぎず、社会というものが本来的に含むはずの欲望の相互調停（互酬）の原理を見落としている。

だからルソー的「市民国家」はいわば「絶対自由」の理念に近く、一挙になされる契約（=革命）によってしか成し遂げられないものである。しかし、市民社会の進行とそのうちでの人倫の原理の展開によってはじめて、個々人は、他者もまた本質的な自由への欲望をもつことを了解してゆく。この了解を基礎として国家は「人倫国家」となってゆく。このときはじめて、個人の自由は個別的な相互承認の集合としてではなく、社会全体における普遍的な相互承認として形成されるだろう。

こうして、ヘーゲルの「近代国家」（人倫国家）の理念とは、ひとことで言って、ルソー的「社会契約」による「市民国家」に〝時間的成熟〟の契機を導入し、そのことでそれが欠いている互酬的・倫理的契機を実現してゆく、という構想なのである。

4　近代国家の本質

さて、われわれは、近代社会の経済原理と政治原理を再確認してきたが、そのことで何が明らかになっただろうか？

第一に、資本主義は財の欺瞞的配分のシステムだという考えは、必ずしも資本主義の本質とはいえないこと。資本主義の社会的な本質は、社会生産を持続的に拡大する初めての経済システムだということであり、このシステムを土台として、はじめて人間の自由を解放する近代社会が可能となったということ。

第二に、近代社会の政治システムは、近代哲学者たちの理念的設計の歴史をもつが、経済システムは、近代の市場経済の発展がいくつかの条件を得て、自然発生的に資本主義へと転化してきたものだということ。つまり資本主義システムは、上層階層の統治支配への配慮の結果ではなく、人々の自由への欲望を根本動機として現われてきたものであること。

近代社会の政治システムと経済システムは、いわば、プラトンがその国家論で論じた国家の「理性部分」と「情動＝身体部分」に似ている。政治システムは、基礎理念と法の整備によって一定の調整が可能だが、経済システムは、法（ルール）による調整によっては容易には調整できない、いわば社会の「身体性」をなしている。ちょうど人間がそうであるように、近代社会もまた、この「理性部分」と「身体部分」の関係の総体であり、この関係の全体像をつかむことが重要である。そのためわたしはまず、「理性部分」、つまり政治システムとしての近代国家の本質をもう一度簡明に整理してみよう。

近代社会の核心、完全ルールゲーム

ここまで、ホッブズ、ルソー、ヘーゲルを中心に、近代市民社会の基本像を描いてきたが、もちろん実際には、きわめて多くの哲学者や思想家が近代社会の理念を多様な仕方で構想し続けてきた。スピノザやヒュームやスミスやバークなどの穏健あるいは保守的立場、ロックやカントのいわば理想理念としての自由の立場、モンテスキュー、ディドロなどのフランス啓蒙思想派、ベンサムやミルの功利主義派、等々。それだけではない。近代市民社会は一般的に、その標識として、共和制、民主主義、自由主義を掲げてきた。だが、現在、たとえば自由主義の概念だけでも、リバタリアニズムから新自由主義まで大きな多様性があるし、民主主義の概念ももちろんほぼ同じ事情にある。

だが、哲学の方法は、あくまで、多様な現象をできるだけ簡明なキーワードに置き換えて、その核心をとらえようとする点にある。そこで、あえてひとことで「近代社会」の根本構想を表現するなら、わたしとしてはそれを「完全ルールゲーム」という概念で呼びたいと思う。

つまり、「近代（市民）社会」の核心的理念は何かと問えば、社会から「暴力原理」を完全に排除し、これを純粋なルールゲームに変える試みだった、と答えるのがその本質をもっともよく表現する。これを理解するために、ふつうわれわれが集まって何かフェアなゲームを行なうとき、そこにどのような原則をもち込んでいるかを考えてみよう。

①フェアなルールゲームの第一の前提は、そこから「暴力」を完全に排除しておくことにある。ゲームは、取り決められたルールによってのみ行なわれるが、これは、暴力の排除が成立してはじめて可能となる。ルールゲームに暴力（実力）が入り込むやいなや、それはフェアなゲームではなくなり、普遍闘争状態となる。ルールゲームにおける暴力の排除は、これを制御する上位の「実力」の存在によってのみ確保される（ルールを確保するための正当性を認められた暴力を「実力」と呼んで、闘争としての「暴力」と区別しよう）。

②暴力の排除が成立してはじめてルールゲームの可能性の条件が整うが、一定のルール（ペナルティルールを含む）にしたがって勝負・競争の成否を競うという全員の事前の「合意」が、何らかのルールゲームを開始するための次の条件となる。このはじめの合意は、ゲームそれ自体の「正当性」の根拠である（ルソーは、この〝事前の合意〟の必然性を「原始契約」あるいは「はじめの全会一致」と呼んだ）。暴力の排除と事前の合意が不

備なまま一定のゲームが成立する場合もあるが、ここではゲームの正当性に欠損があるので、これを不完全なルールゲームと呼ぶことにしよう。

③人間は、実際には体力、知力、出自、容貌《ようぼう》、宗教、人種、言語、等々に大きな〝差異〟がある。しかしゲームにおいては、それらの差異はすべて捨象され、互いにただ対等な権利をもった一プレーヤーとして認めあう。つまり、「完全ルールゲーム」では、すべてのプレーヤーはルールのもとに対等で、特権や差別は認められない。このことは、ゲームの正当性の第二の本質的要件をなす。

④ルールの決定や変更の権限は、参加者全員が対等にもち、そこにどんな特権も存在しない。

⑤ルールに違反したものには、つねに同じ原則でペナルティが科せられる。担保された「実力」が、このペナルティの執行を保障する。ペナルティの執行のないところではルールの実効性は存在しない。

⑥ルールの適用の判断、さらにはペナルティの執行を含むゲームの運営・裁定について、必要に応じて審判者の役割を果たすものがおかれる。彼らは競争の利害について第三者の立場にたち、プレーヤー全員のゲーム運営の意志（一般意志）のフェアな調停者・執行者となる（したがって、近代国家においてはこれが「統治権限者」の理念上の本質である）。

わたしは、このような仕方で規定された近代社会の理念的「原理」を、「普遍ルール社会」という概念で呼びたいと思う。

　社会から暴力契機を排除し、各人の「自由」を完全に確保するための「原理」は、それがどんな社会であれ、これを可能なかぎり「完全ルールゲーム」の状態に保つ以外にない。このように考えれば、ホッブズやルソーやヘーゲルのテクストについての些末《さまつ》な議論が、もはやたいした意味をもたないことが理解されるはずだ。

　近代哲学は、さまざまなアイデアで新しい社会の理念を模索してきたが、暴力（普遍闘争）の制御と自由の確保という二点を中心目標とするかぎり、その努力は、さまざまな経路を通って、最終的に社会の「完全ルールゲーム」化という理念へと収束させられることが分かる（もちろんルールゲームであるからには、ズルをはじめとして必ずバグがある。完全ルールゲームは、ただ理念としての本質をもつので、現実には完全なルールゲームが存在するわけではない）。

　上述した三人が近代の社会哲学において決定的に重要な意味をもつのは、かれらの構想が、特定の理想理念から離れて、暴力の制御の条件や自由の確保の条件を、もっとも原理的な仕方でつかんでいるからである。またこの場合、さしあたっては、人間の「自由」の本質とは何かといった議論も不要である。ここでの「自由」とは、ルールゲームにおいて一人のプレーヤーとして振る舞う権利が認められていること、という定義で尽くされているからだ。

以上の考察は、また次のような考えを導くことになる。人間社会の可能な基本的構造のモデルは、大きく言えば、歴史上まだ二つしか現われていない。一つは、実力（暴力）闘争と覇権の原理の結果としての専制支配社会、もう一つは、暴力を一般意志で担保された権力によって制御し、完全ルールゲームの理念によって運営される社会（これを「普遍ルール社会」と呼ぼう）である。

近代社会とは何か。政治学的には、これはきわめて多様なアイデアや理念の束として描けるし、またさまざまな分類が可能だろう。しかし、哲学的には、その理念上の本質を、人類がはじめて構想した「完全ルールゲーム」としての社会として定義することができる。ちなみにつけ加えれば、その根本原理は「自由の相互承認」の概念で示され、政治的には「人民主権原理」あるいは「一般意志原理」の概念で表現される。

近代社会が真にそのような「普遍ルール社会」の構想から出発したのかどうかについて、さまざまな異論があることを、もちろんわたしは知っている。近代社会と近代以前とは厳密に区分できない、とか、現実社会では暴力による完全な制御も、ルールのもとでの完全な対等もありえないので、これを理念上のゲームに類比することはできない、といった議論もある。しかしこの手の議論は手間がかかるし、深入りすればスコラ議論に堕する恐れもあるので、わたしは一つのことを言っておこうと思う。

ある種の学者は、生物と無生物のあいだに厳密な区分の定義をおくことは不可能だと主張する。別の論者は、生と死のあいだにすら決定的な区分を引けないと言う。たしかに、誰も昼と夜のあいだに決定的な区別線を引くことはできない。しかしわれわれは、そうすることがわれわれの生にとって必要だと考えるときには、いつでも区分線を引いている。実際、昼と夜のあいだに区別をもたない文化を一つとして見出すことはできない。それが妥当かどうかは、その区分によって生み出される考え方や行為の射程が決めるのであって、その〝厳密さ〟の度合いが決めるのではない。わたしは近代社会とそれ以前の社会の哲学的な区分を、現代社会の課題にとって不可欠なものと考える。

さて、わたしは近代哲学者が構想した近代社会の理念の本質を「普遍ルール社会」という概念で示した。さらに、これを基礎として、かれらがさまざまに表現した近代社会の本質的特質を、次の三つの概念で示してみたい。まず、「ルール社会原則」、つぎに「一般福祉」、そして「普遍資産」である。

ルール社会原則

近代社会の根本理念を普遍ルール社会と考えるかぎり、まず必要なのは、暴力の公的制御ということである。これは一般的には、実力を人民権力にあつめ（警察、軍）、社会内の暴力をシビリアンコントロールすることだが、この点をまず強調しておくべき理由がある。

たとえば、ジャック・デリダに次のような国家権力の批判がある。「正統な権力の掟(法律)の力と、この権威を設定したはずの、根源的と言われる暴力とをどう区別しうるだろうか」(堅田研一訳『法の力』一四頁)。あらゆる国家権力は「暴力」によってしか創設されえない。したがって、根本的に言えばどんな権威も「正当化」されえない。しかしこの批判は、どんな所有権もはじめは暴力によって創設されたものだ(だから誰でももういちど武器を手にしてその権利を決めなおすことができる)、というマルクス主義的な「法」批判の現代バージョンにすぎない。

国家は暴力を(あるいはその独占)を起源とするから決して「正当化」されえない、というテーゼは、現代思想の国家批判において、依然として最大の論拠の一つとして生きており、そのヴァリアントは今もおびただしく流通している。だが、もちろんこのような批判はまったく無効である。近代国家でもそれ以前の国家でも、暴力(実力)を統治権力成立の起源としないような場合はほとんど存在しない(合衆国のような合意による建国の場合でも、宗主国イギリスへの実力による反乱によって可能となっている)。だが、このように起源を遡《さかのぼ》って国家の正当性と非正当性を言い立てることには意味がない。なぜなら、そもそもあらゆるルールは実力(暴力)によってのみ可能となり、存在しうるからである。暴力によって開始された「法」や「統治」は正当性をもたない、といったロマンティックな「正当性」論からは、政治の原理を構想すること自体が不可能になる。普遍闘争状態では、強者が弱者を倒してすべての権力をわがものとするが、それは多くの場合人々の合意をうる（実効支配と呼ばれる）。ほかに方法がないことをだれもが知っているからである。

覇権の原理は、近代以前の社会では統治状態を作り出す唯一の原理だったが、それ以外に暴力を制御する原理が存在しないかぎり、人々はこの権力に合意と正当性を与えるのである。あらゆる社会の権限は「合意」による（ルソー）とは、そういうことを含んでいる。だから、近代国家の正当性について考えようとするなら、強者の実力によって支えられる伝統支配のルール（王の掟＝法）と、「一般意志権力」に支えられる近代国家のルールの本質を区別することが決定的に重要となる。もしそれができなければ、およそ権威や法の「正当性」など問題にならないし、そもそも「正義」や「不正義」という概念自体が理想世界のファンタジーでしかなくなる。

これに対して、たとえばハンナ・アレントの、暴力と権力についての説はきわめて本質的なものだ。アレントは、『革命について』において、「アメリカ革命」と「フランス革命」を比較し、アメリカの市民革命はまず理想的な形で進んだが、フランスでは、諸階層勢力がすでに存在していたため、旧体制の権力を打倒したあとの利害の調整は、実力による戦い（恐怖政治）へ行きつくことになった、と書く。アレントの考察の独創は、「暴力」を伴った「革命」の意味をはじめて深く洞察した点にある。

アレントは、フランス革命は恐怖政治にゆきついたので不成功の革命だったと言いたいのではない。社会体制の大きな変革の場面においては、暴力が必要かつ必然となることを彼女は認めている。アレントの主張の核心は以下の点にある。アメリカ革命では「暴力」は打倒されるべき宗主国イギリスだけに向けられ、その後、アメリカ植民地諸州は、まさしく「全員の合意」で社会契約的な「自由の相互承認」を果たした。これは幸運な条件に恵まれたのだ。これに対して、フランス革命では、諸階層の実力闘争によって「革命」が遂行されたが、その後諸勢力は、権力の掌握をめぐる「実力のゲーム」を収束させることに失敗した。つまり政治のゲームとして「覇権の原理」が貫かれたのだ。こういう場合、その理念が「自由」の革命であろうと、「自由の創設」は決して実現されえない、と。アレントの言い方は分かりにくい点もあってかなり誤解されているが、その意はきわめて正しい。彼女は別のところでこう書いている。

要約しよう。政治的にいうとすれば、権力と暴力は同一ではないというのでは不十分である。権力と暴力とは対立する。一方が絶対的に支配するところでは、他方は不在である。暴力は、権力が危うくなると現れてくるが、暴力をなすがままにしておくと最後には権力を消し去ってしまう。ということはつまり、暴力に対立するのは非暴力であると考えるのは正しくないということである。非暴力的権力というのは、実際のところ、言葉の重複である。暴力は権力を破壊することはできるが、権力を創造することはまっ

たくできない。(山田正行訳『暴力について』一四五頁)

権力は、活動し語る人びとの間に現われる潜在的な出現の空間、すなわち公的領域を存続させるものである。(志水速雄訳『人間の条件』三二二頁)

権力=暴力という文脈に慣れている人にとっては、これは分かりにくい文章だろう。だがアレントの主張はきわめて一貫したものだ。

一九世紀から二〇世紀にかけて、世界中で多くの既成権力への反乱が生じた。民族独立の反乱、自由主義(共和制)革命、社会主義革命、そしてファシズム政変(ナポレオン、二月革命、トルコ、ハンガリー、パリコミューン、ドイツ三月革命、ナチズム、フランコ政権、ロシア革命、中国の辛亥《しんがい》革命、日本の二・二六事件、等々)。これらの反乱や革命の中で、政治体制の変革が平和裏に進むことはきわめて少なかった。旧勢力も命がけで自分たちの特権を守ろうとするから、事態は「暴力」による権力奪取という形をとらざるをえないのだ。

つまりそれはまず「理論闘争」からはじまり、「覇権闘争」へという道を進む。そして、新しい政治勢力が権力を握った場合も、権力の根拠を「一般意志」へ移行して社会内から「覇権の原理」を排除することに成功しないかぎり、その理念がどんなものであれ「自由」を実現する権力は決して「創設」されない。だから、人民の「暴力」は専制権力を破壊することはできるが、その後、暴力の原理が人民主権によって市民的な制御のもとにおかれなければ、それは「自由の権力」とはなりえない。そうアレントは言うのである。一切の「国家」の起源は暴力である、したがってどんな「国家」権力も正当性をもたない。これは現代思想では多く流通している観念だが、「統治権力」の本質を「原理」としてつかめないために現われた、転倒した観念にすぎない。

さて、こうして市民社会の「自由のゲーム」を支える基礎原理は明らかになった。この社会の基本的なルール原則は以下のように整理できる。

①ルールのもとの権限の対等→すべての成員がルールのもとに対等に扱われ、差別的な特権が存在しないこと。

②ルール決定と変更についての権限の完全な対等→すべての成員がルール決定と変更について対等な権限をもつこと。

③ルール遵守が成員資格の原則であること→一定の基準のもとでルールを遵守する意志と能力をもつものが、原則的に市民国家の成員たる資格をもつ（これはあくまで原則であって、ルール権限をもったメンバーの合意によって一定の能力を欠く者も成員とされうる）。

いうまでもないが、これはあくまで近代社会の「理念」であって、近代国家においてこの原則が十分に実現されてきたわけではない。そこでつぎに、近代国家が実際にはどのような道すじをたどったのかを、大きく輪郭づけてみよう。

近代国家では伝統的な身分制度はなくなるが、新しい階層が現われてより多様化する。そこで政治のゲームも新しい様相をとる。まず初期には、諸階層の利害を代表するいくつかの政治党派が現われ、政治権力をめぐる「実力闘争」を行なう場合がある。しかし、社会が「実力のゲーム」を排除することに成功すると、つぎには、政治のゲームは政党どうしの「数のゲーム」（多数派ゲーム）という形へと進む。しかし、選挙制度がまだ十分に整備されていないので、富裕層を代表する政党が、さまざまな手段を使って「多数派システム支配」を行なう（アメリカにおける「マシーン」と呼ばれるボス構造による集票システムなどが典型）。つまり少数の支配階層がその経済力によって議会での多数派を確保する「システム」を作り出そうとする。この段階ではまだ、少数の支配的階層が政治権力を占有している。

しかし民主主義の成熟が徐々に進むと、支配階層による権力の独占はしだいに困難になり、政治権力はゆるやかにではあるが、より「一般意志」を代表する方向へと、具体的には多数の中間層の意向を多く反映する方向へと進んでいく。この点でとくに重要な意味をもつのは「選挙制度」の進展である。

たとえば、一九世紀半ばから二〇世紀半ばにかけて、近代国家は例外なく、限定選挙から普通選挙へと進んでいった。イギリスでは、一八三〇年代以降、選挙法改正運動が推し進められ、一九六九年までに一八歳以上の男女が有権者となる。アメリカでは、一八二六年に財産制限が撤廃され、一九六五年に、白人、黒人の区別なく完全な選挙権が認められる。このような選挙法の進展は多少のズレがあるが、フランス、ドイツ、日本などでも同様で、近代国家ではほぼ例外なく、一〇〇―一五〇年のスパンで普通選挙法の制定にまで進んでいる。

こうして、近代国家における政治は、典型的には、「党派間の実力ゲーム」↓「支配階層の多数派システム支配」↓「一般意志の代表ゲーム」という道すじをとってきた。もちろん、現在でも、先進国の政治権力が「一般意志」を十分に表現しているとは言いがたい。だが重要なのは、現代国家が市民国家としての「正当性」をもつかどうかの決定的な指標は、その政府が「一般意志」をより表現する方向に進んでいるか否かにある、ということだ。かつてアレントは、『全体主義の起原』で、ナチズムの台頭を指して「国民国家の崩壊・消滅」と呼んだが、まさしく「近代国家」は覇権の原理による国家とは両立しえないのである。

一般福祉

社会からの暴力の制御（シビリアンコントロール）、ルール社会原則、つまり統治における「一般意志」の表現への努力は、近代国家の「正当性」の基本契機である。そして「一般意志」の表現は、具体的には、つぎの二つの本質的契機、つまり「一般福祉」と「普遍資産」の概念として示される。一般福祉は近代国家の「存在理由」を表わし、普遍資産はそこから現われる富の配分の原則である。

かつて、ベンサムとミルは「功利主義」を唱えたが、彼らの考え（最大多数の最大幸福）は、現在では、しばしば少数者の切り捨てを結果するという批判を受けている（ジョン・ロールズの『正義論』や、アマルティア・センの『合理的な愚か者』など）。しかし、わたしの考えでは、これら現代の功利主義批判は、ベンサムやミルの思想の批判としては的を外しており、近代国家の公準（存在理由）としての彼らの「原理」を理解していると は言い難い。

ベンサムやミルの功利主義の主張の核心は、近代国家の公準は、ただ人々の「功利」（福祉＝幸福）にのみ存在する、という原則にある。この考えはそもそもキリスト教的な正義や道徳の観点による国家観への批判を含んでおり、基本的に妥当なものだった。したがって正義論的・道徳論的観点からこれを批判するのは的が外れているのである。

伝統支配の社会では、国家の第一の公準は、生命・生活の維持存続にある。このために支配と秩序は単に正当化されるだけでなく神聖化された（たとえば王の神聖権や「神の国」というイデオロギーの形をとった）。しかし旧秩序が崩壊すると、このイデオロギーは消滅し、近代国家では、生命と生活の維持という土台は変わらないが、その上に人々の「福祉」（ドイツ語ではWohlで福祉・幸福を意味し、英語ではwelfareあるいはwell beingで、よい暮らしを意味する）という新しい公準が現われる。

ヘーゲルはこの重要な変化をまさしく「有用性＝功利主義」の思想と定式化しているが（『精神現象学』「精神」章）、ベンサムやミルはこのことをはじめて自覚的に哲学化した点で評価できる（「社会を構成する個々人の幸福、すなわち彼らの快楽と安全が、立法者が考慮しなければならない目的、それも唯一の目的であること（略）はすでに述べた。」ベンサム、山下重一訳、世界の名著38『道徳および立法の諸原理序説』一〇八頁）。

しかし、「最大多数の最大幸福」という言い方にはたしかに誤解を呼ぶ余地があり、これを修正することには意味がある。わたしとしてはそれを、ヘーゲルの『法の哲学』における「普遍的な福祉」の概念をとって、「一般福祉」という概念で呼びたいと思う。まず、ヘーゲルでは「近代国家」の公準は以下のように定位される。

近代国家の本質は、普遍的なものが、特殊性の十分な自由と諸個人の幸福とに結びつけられていなければならないということ、それゆえ家族と市民社会との利益が国家へ総

括されなければならないということ（略）、この点にある。（藤野渉ほか訳『法の哲学』四八九頁）

近代国家の本質は、「諸個人の幸福」と「普遍的なもの」（社会性あるいは公共性）が調和的に統一されるという点にある、というのがヘーゲルの主張であり、そこがベンサムやミルの功利主義思想との違いである。すでに見たように、ヘーゲルでは、ルソー的な「社会契約」論は、一部〝修正〟される。社会の営みが自由意志の対等な「契約」だけに根拠づけられるなら、それは単に「放埒な欲望ゲーム」となり、そこから生じるさまざまな矛盾を調停できない。そこで、市民社会の放埒な自由競争を、上位の国家原理（＝人倫）で調停すること、すなわち、現在の言葉で言えば、共同体的な「互酬の原理」でこれを調停すること、これがヘーゲル国家論の基本の構想だった。ここには次のような力点がある。

善は、意志の概念と特殊的な意志との一体性として、理念である。――この一体性のなかでは、抽象的権利も、福祉も、知の主観性も、（略）それだけで自立的なものとしては廃棄されており、同時にしかしその本質からいえば、この一体性のうちにふくまれかつ保存されている。――つまり、善は実現された自由であり、世界の絶対的な究極目的である。（前掲書、三三二頁）

伝統社会では、ふつうの人間にとっての「善」とは、もっぱら、信仰深いこと、聖なるものに畏敬《いけい》の念をもって生きること、を意味していた（利他的であること、は宗教的意味のうちにあった）。しかし近代社会では、人間の「自由」が解放されることで「善」の本質自体が大きく変化する。ここでは「善」は、「意志の概念と特殊的な意志の一体性」、つまり個人の特殊な「自由」の追求と社会全体の福祉の実現との〝調和〟の状態、として定義しなおされる。

近代の「自由」は、個々人の欲望の多様な特殊性の実現に向かうが、この個別的な「自由」の追求が、社会の総体としての「善」の実現につながるような状態（「一体性」）にこそ、自由の本質の現実性がある。つまり、この状態の実現にこそ「世界の究極目的」があり、したがって「近代国家」の最後の目標もそこにある、そうヘーゲルは言うのだ。

ヘーゲルでは、「自由」は単なる欲望の解放を意味しない。はじめに見たが、ヘーゲルの体系では、世界はそもそも「精神的存在」（絶対精神）であり、人間精神はこの絶対精神の個別態である。精神の本質が「自由」という概念で表現され、さらに「自由」の本質は「無限性」の概念で示される。手短かに言えば、人間の「自由」は、自分自身を絶えずより普遍的なものへと展開させようとする精神の本性なのである。

この「より普遍的なもの」が何を意味するかについては、後に詳しく見るが、ともあれルソーやニーチェと同じく、ヘーゲルにおいても、人間精神の内的な自由はなにより重要なものだった。この内的自由の本質が、各人において実現する可能性をもちつつ、しかも社会的な矛盾や軋轢《あつれき》となって現われないような社会原理が存在するはずであり、それを構想しなければならない。ここにヘーゲルの社会哲学の中心点があった。*14

＊14『美学講義』でヘーゲルはこう書いている。「近代の精神文化と知性が人間のうちにこの対立をもちこんで以来、人間は相矛盾する二つの世界に生きる両生類となり（略）、右往左往します。つまり、一方で、俗っぽい現実にとらわれて（略）、物質的満足や感覚的な目的や快楽に巻きこまれ、自然の衝動や情念に支配され引きまわされる。と思うと、他方、永遠の理念や、思想と自由の王国へと身を高め（略）、人間が自然から受けた困窮と暴力に報復すべく、自然の法則に反して自然を虐待するところにこそ、精神の正義と尊厳があると考えるのです。（略）一般の文化がそのような矛盾に巻きこまれたとなったら、その対立を解消するのが哲学の課題です。哲学は、対立の両極がともに抽象的・一面的で、真理とはなりえず、おのずと解体していくものであること、真理は両極の和解と媒介のうちにはじめてあらわれるもので、しかもこの媒介はたんなる要請にとどまらず、完全に実現されるし、たえず実現へとむかっていることと――そのことを示さねばなりません。」（長谷川宏訳、上巻、五九―六〇頁）

そこで、こうなる。

この理念（善の理念→引用者注）のなかで、福祉は、個別的特殊的な意志の現存在としてはなんらそれ自身の妥当性をもたず、ただ普遍的な福祉としてのみ、そして本質的にはそれ自身において普遍的なものとして、すなわち自由ということからいって妥当性をもつ。――つまり、福祉は、正ないし権利を欠いては善きものではない。同様に正ないし権利も、福祉を欠いては善ではない。（藤野渉他訳『法の哲学』三三三頁）

近代社会では個々人は自分の「幸福」（＝福祉 Wohl）を追求してよい。しかし、どのようなことが人間の幸福なのかは人さまざまだから、ここにこそ人間の真の幸福があるという特定の理想は、どれも主観的であって妥当性をもたない。そこで、個々人の幸福の追求は、「普遍的な福祉」と調和するかぎりで「善」であり、また逆に、社会の「正義と権利」は、人々の「普遍的福祉」への配慮を通してのみ正当性をもつ、と。

わたしはこのヘーゲルの考えを「一般福祉」と呼び、つぎのことをつけ加えたい。近代社会では、各人の「善」、つまりどう生きるのが各人にとって「よい＝ほんとう」であるかは多様である。そこで近代の「社会的な善」は、人間の善き状態についての、特定の理想理念を選び出すことはできない。そのためそれはただ、各人が自分の個別的な「よい＝ほんとう」を追求しうる一般条件としての、生活水準の持続的な上昇ということ、そして法や社会制度の公平性と公正性、ということに収束する。

つまり、人間の生にとって何が「善」で何が「幸福」かは本質的な多様性をもつ。そこで各人が、自分の実存の独自な存在可能を追求しうる、その一般条件がつねに改善されていくこと、これ以外の点に社会的な「善」の内実を定位することはできない。このような理由で、近代国家の公準（存在理由）の原理として、功利主義の「最大多数の最大幸福」の代わりに、「一般福祉」の概念をおくことができる。

普遍資産

つぎに、「一般福祉」の概念から、近代国家の派生的公準として「普遍資産」の概念が導かれる。

すでに見たように、ヘーゲルは市民社会における「自由」の解放が「放埒な欲望ゲーム」に帰結することを見通し、近代国家を、これを調整する「人倫国家」として構想した。ヘーゲルの時代、ドイツではまだ統一国家は成立しておらず、領主層、教会、新興自治商業都市といった既成勢力の支配のもとに多くの民衆があえいでおり、ヘーゲルが新しい統一ドイツに「人倫国家」としての可能性を見ていたのはごく自然なことだった。

しかし、一世代下ったマルクスでは、すでに「近代国家」は成立し、民衆の不満が、新しい国家の政治・経済構造に対する広範な異議として噴出していた。人々が直面していたのは、「相互承認」の原理によっていかに調和的な近代国家を形成するかという課題ではなく、すでに社会全体に拡大している経済的不平等と、労働者、農民階級が陥ったおそるべき非人間的状態という問題だった。その新しい社会矛盾の本質を把握しそれを改変することなしには、自由の解放という近代の理念自体が無意味なものとなる。マルクスが、この問題を、国家支配の幻想性や「搾取」という概念で示したとき、それが思想的に圧倒的な説得力をもった理由はそこにあった。

少し後にゲオルグ・ジンメルは、二〇世紀に入るや、一九世紀に輝かしかった「自由」の概念は後退し、いかに「平等」を確保するかが社会問題の中心となるが、この「自由」と「平等」のパラドクスを解くことはいまやきわめて困難となった、と書く。

歴史的社会によって制限され不具にされたと感じた個人がもつ、こうした自由にたいする欲求は、それが実現されるにさいしては、自己矛盾におちいることになる。（略）こうした条件はどこにも存在しない。むしろ、権力を付与し地位を決定する人間の能力は、まったくはじめから、質的にも量的にも不平等である。（略）いっさいの権力関係においては、一度かちえた優位がそれ以上の優位の獲得（略）を容易にするから、権力の不平等は急速に拡大するであろうし、こうした優先する者の自由は、つねに、抑圧された者の自由を犠牲にして展開されるであろう。（阿閉吉男訳『社会学の根本問題』一二一―一二三頁）。

ジンメルがいうように、一九世紀の近代国家では、「自由」という言葉はもはや欺瞞的な響きを帯びるようになり、「平等」こそもっとも切実な言葉となる。

ヘーゲルは、この問題についてもきわめて透徹した洞察を行なっている。

もろもろの欲求や手段や享楽をとめどなく多様化し種別化する社会的趨勢《すうせい》には、自然的欲求と文化的欲求との差違と同じように、限界がない。この社会的趨勢は――一方では奢侈である。しかし他方ではこの趨勢は、依存と窮乏との同じく無限な増大化である。(藤野渉他訳『法の哲学』四二六―四二七頁)

万人の依存関係という全面的からみ合いのなかに存するこの必然性が今や、各人にとって普遍的で持続的な資産なのであり、各人は、自分の教養と技能によってこれに参与してその配分にあずかり、自分の生計を安全にする可能性を与えられている。――それとともに他方ではまた、各人の労働によって媒介されたこの取得が、普遍的資産を維持増大するのである。(前掲書、四二九―四三〇頁)

市民社会における「自由な欲望ゲーム」の矛盾の中心は、もはや人々が、かつての生活上の基礎的要求にとどまっていることができず、果てしない「欲求の幻想性」が現われる点にある。また、人々はその欲望を実現するため、複雑な社会関係のネットワークの中に入り込まないわけにはいかない。技能や生産性の高度化（分業の進展）は、人間どうしの「依存関係と相互関係とを余すところなく完成」（四二九頁）するから、もはや自然的で素朴な自由はどこにも存在しなくなり、人が自由を得ようとすれば、自分の力量や職業的才を通してこの社会的な欲望ゲームの中で自己実現するという以外に道はない。さらに、この社会的・普遍的な欲望ゲームの結果、はなはだしい不平等が生み出されるため、その反動として「自然に帰れ」というルソー的理想や「平等」の観念が現われてくる。

しかし、近代社会の必然性からは、普遍化されたネットワークとしての社会関係こそ、財の生産の爆発的増大をもたらして万人の自由の解放を可能にしたものであり、これを廃棄すれば、社会はふたたび普遍闘争状態に戻るだろう。したがって、可能な考えは、この依存関係と相互関係が作り出す生産の増大を、それによって新しい社会原理が作り出される社会の成員全員による〝成果〟、つまり「普遍資産」と考え、その妥当な配分の原理を見出すことである。そうヘーゲルは主張する。

完全な「平等性」の要求も、不平等に対する矛盾の意識から現われてくる。しかし、この要求は本質的な考えとは言えない。近代国家は普遍交換‐分業のシステムの総体として成立するから、伝統社会での階層構造に比べてはるかに複雑な一つの「有機的全体」とならざるをえない。つまり、多様な役割の分化と関係の構造をもつことになり、どんな分け方をしても十全たる納得は生じない。またその配分を誰が行なうかについても合意は得られず、したがって完全な「平等性の要求」はまず不可能である。

そこで問題は、普遍資産の完全に平等な配分ではなく、配分の偏りが各自の仕事の成果に応じているということ、また役割の分化が、各人の資質にあわせた自由な「意志」決定の「結果」として現われるということ、権威や権力によって決定され固定されないということである。

おこないと報いとのつながりが、この世で一つの完結した環をなすものとすると、各人がそれぞれにふさわしい処遇を受けるような状態を想定しなければなりません。それが国家というものです。国家とは、各人が財産を確保し、自分の才能や技量に見合う仕事を見いだし、さらなる向上へとむかえる関心事を見いだせるような、そういうつながりを保証する本質的な世界であり、現実です。(長谷川宏訳『法哲学講義』一二七頁)

完全な平等を実現するということが本質的なのではなく、さまざまな役割分担が、押しつけられた固定的なものではなく、各人の能力や努力に応じており、また自由な意志決定の結果によること、それが本質的である。ヘーゲルの言い分はほぼここまでだが、重要なのは、以下のような考えがはっきり打ち出されている点だ。

まず、近代社会は、その成員の全員が作りなす総体的な有機的構造となる。つまり、人は個別的な共同体の枠内で、その固定的役割と習俗的ルールによって生きるのではなく、そこから分離し、社会の広範な有機的関係の中ですべての他者たちと何らかの関わりをもって生きることになる。つまり、人は社会の〝普遍的な関係性〟の中で生き、このことを通して自立した「個人」(近代精神)となる。

逆に言えば、個人の「自由」は、人がこのような仕方で個別の共同性への依存から離れ、社会関係の普遍性に関係することではじめて確立されてゆく。したがって、人間の「自由」の本質は、彼が社会の中でむすぶ関係の普遍性から切り離されることはできず、だからまた、個人が実現する欲望のアイテム、つまり富や名声や権力といったものも、それ自体独立したものではなく、じつは「普遍資産」としての社会ゲームの〝所産〟なのである。

さて、まとめをおかねばならない。われわれが確認してきたのは、哲学的観点からする「近代国家」の本質である。それを要約してみよう。

①近代国家は、近代社会の基本理念を原理として形成される国家である。近代哲学者による近代社会の構想は、これを追いつめると、「自由の相互承認」を基礎とした「完全ルールゲーム」として営まれる社会(普遍ルール社会)、という理念に帰結する。人間が相

互に他者を自由かつ尊厳ある存在、完全に対等な権限者として認めあった上で、そのような社会を打ち立てること。これだけが、伝統的な支配社会に根本的に対置され、その絶対支配を克服しうる社会原理である。これを超え出るような「原理」は、少なくともこれまでのところ一つも構想されていない。

②近代国家は、この「原理」のもとに、これまでの国家とはまったく異なる新しい「公準」をもつことになる。まず統治権力は「一般意志」を代表しようとする意志によってその「正当性」を得る。したがって統治権力は、第一に暴力の縮減、第二に「一般意志」を代表するためのシステム（選挙制度、福祉政策）の持続的形成、第三に、フェアなルールゲームの維持・監視・調停という課題をもつ。

③「一般意志」の具体的内実は、まず「一般福祉」の概念で表現される。社会の多様なゲームは総体としての目的をもっている。それは各人の「福祉」（幸福）の多様性を承認し、各人が他人と齟齬《そご》することなく自分自身の「幸福」と「善」を追求しうる一般条件をつねに向上させるということ。国家の公準にかんし、この概念よりも上位のものをおかないこと。ゲームの本質、つまりその最終目的は、参加者がそこにエロス（快、人間的な生の喜び）を見出すこと以外ではないからだ。

④近代社会の総体が、多数の共同体の集合ではなく、「自由の相互承認」に基づく個々の成員のフェアゲームとして形成されること。このことから、社会が作り出す富は、全体

として「普遍資産」という位置づけを与えられる。

つまり財の社会的配分については、市場経済システムが自然発生的に作り出してきた経済ルールではなく、「一般意志」のルール決定が上位の権限をもつ（ただし、自由経済ゲームは全体的な有機的組織なので、財の配分は基本的には市場のメカニズムによって決定され、たとえばヒュームが考えたように完全に人為的に決定することはできない。しかし「一般意志」はこれを、税や諸規制によって市民的に制御することができる）。起源的には市場経済の自然なゲームが先行したが、いったん市民社会が成立するや、市民のゲームが経済ゲームを支えるのだからである。前者が後者を制御できないとき、普遍ルール社会は解体し、市民社会は経済的な覇権のゲームへ立ち戻ることになるだろう。

第四章　社会批判の根拠

1　社会批判の正当性

さて、見てきたような近代社会の再定義から、われわれが取り出しうるものは多くある。だがさしあたり重要なのは次の二点だ。

第一に、現代の批判思想の根拠と正当性の問題、第二に、近代社会あるいは現代社会の「可能性の原理」はどこに見出しうるか、ということである。

現代的「反国家」論

わたしはさきに、マルクスによる国家と資本主義の批判を、現代の批判思想のもっとも重要な源流として吟味してきたが、もういちどこれを確認してみたい。

繰り返し言うと、わたしはマルクスの思想を、ヘーゲル、ニーチェと並んで、一九世紀最大の思想として評価する。ヘーゲルは、近代における人間の「自由」の理念を、比類のない徹底性において哲学的な原理として鍛え直した。マルクスはヘーゲルを痛烈に批判したが、そのモチーフは、ヘーゲルの「自由」の理念それ自身の批判ではなく、むしろ「自由」の原理が単なる理念に終わって「自由の国」を現実に作り出さないなら、思想はあくまでその実現をめがけて「原理」を鍛え直し、その可能性の条件を取り出さねばならない、という点にあった。
マルクスが、なぜ「自由」の可能性としての近代国家がむしろ強固な支配のシステムとなっているかを、経済と政治のシステム両面にわたって根底から分析しなおそうとしたことは、きわめて本質的な思想のわざだった。にもかかわらず、見てきたように、マルクスの幻想的支配の完成態という国家本質論は、哲学的な吟味からは妥当なものとは言えなかった。

　さて、現代思想の国家批判もまたほとんどの場合、国家は支配のための幻想的制度である、という考えをとってきた。それは次のような観念を暗黙のうちに含んでいる。第一に、国家は欺瞞《ぎまん》的な幻想によって成立しており、したがってこの幻想がなくなれば存在理由がなくなる。第二に、国家は権力によって人民を支配しているから、国家の消滅によって人間ははじめて「自由」になる。第三に、国家の統治がなくなっても、人民の自治や連合などによって、社会的統治は可能である。

　こういった観念から、国家の「一体性」の幻想性を強調したり、国家の時間的起源に遡《そ》行《こう》して本来社会には支配関係がなかったことを示したり、また国家の隠された起源が暴力であることを指摘してこれを相対化しようとする批判が、長く続いてきた（もちろん現在も根強く生きのこっている）。しかし、国家についてのこれらの観念は、すでに見てきたようにどれも大きな錯誤である。

「国家」の本質は、なによりまず普遍的暴力の制御という点にある。言いかえれば、一社会の共同的な自己防衛ということが第一義である。どんな国家も一体的な「共同的幻想」を作り上げるが、それは本来「覇権の原理」が不安定であるために（それは最強者＝王の原理だから、より強い者が現われれば現在の王の正当性は失われる）考え出された、秩序安定のための工夫であって、「一体性幻想」は国家の本質ではなく属性にすぎない。

たとえば、天皇は神であるとか、王の統治権は神から与えられているといった「幻想」がなくなれば国家は消滅するだろうか。消滅するはずがない。一つの統治権力がなくなれば再び普遍闘争がはじまり、それは新しい覇権（国家）とそれに伴う新しい幻想を生み出すまで終わらない。要するに、普遍闘争を消滅させる何らかの根本的な原理が現われないかぎり、国家は決して存在理由を失わないのである。

では「近代国家」の本質は何だろうか。近代国家は、共同的防衛の権力と、人民の自由の解放の要求とが両立する条件をもったときに成立した。もっと正確に言えば、近代国家は、市民的自由の解放が、持続的生産の拡大をもたらす経済システムと結びつくことが自覚されたとき、はじめて可能となった。

注意すべきは、もし共和制の国家が専制国家よりも〝強力〟でなかったなら、近代国家の成立はありえなかっただろうという点だ。この意味で近代国家は、「自由」の解放が、共同防衛という国家の要請にとってむしろ不可欠な条件となったことに、その本質をもつと言える。

ともあれ、「国家」の本質について誤った観念をもつかぎり、現代社会の根本的な矛盾に向きあうことはできない。なるほど近代国家は、つねにきわめて大きな国家権力を振るい、人間的自由に対する強力な抑圧として存在してきた。また現代国家は資本主義システムと結びついて、さまざまな新しい矛盾を生み出している。そうである以上、現代国家や資本主義への本質的な批判が存在しなくてはならないが、問題の本質をつかみその先に進み出るには、まず誤った表象から抜け出す必要がある。

資本主義幻想説

現代の「反資本主義」論にも同じ問題がある。それは資本主義に対する次のようなマルクスの考えを源流としてもっている。

第一に、資本主義における貨幣増殖のシステムは、労働力の「搾取」、つまり等価交換の体系の中の不等価交換にもとづいており、したがって基本的に欺瞞的な性格をもつ。近代国家はこの欺瞞による富の偏在と占有を、法によって正当化する。

第二に、資本主義システムにおける剰余価値の運命。剰余価値は「労働力」からしか取り出せないが、資本どうしの競争は社会全体の利潤率を低下させる傾向をもつ。それは、資本のより激しい弱肉強食状態を作り出して、集中や独占をいっそう拡大させてゆく。資本主義システムは、この根本矛盾を解決する手段を自分のうちにはもたず、そのためこのシステムは決定的な破綻《はたん》にゆきつく。マルクスは、こういう仕方でまず資本主義の「不当性」を主張し、さらにシステムとしての「不可能性」の原理をおいた。

わたしの考えでは、もしこの「原理」が、ホッブズやルソーの「原理」のように、だれもが納得できる明快かつシンプルな「原理」であったなら、人類は、二〇世紀のどこかで資本主義システムを決定的に捨てていただろう。実際にその選択へと進み出た国家もあった。しかし、社会主義国家はマルクスのこの原理を実証できなかった。つまり、そのモチーフはきわめて優れていたが、マルクスの示した理論は十分明確な原理にまではいたらなかった。このため、その真偽をめぐっておびただしい議論が積み上げられたが、いまのところ資本主義の可能性について誰も決定的な原理を提示していない。

この結果、「貨幣幻想説」「資本主義幻想説」などの議論が、いまもマルクス理論のヴァリアントとして流通している。たとえば、『トランスクリティーク』における柄谷行人の資本主義説は、このヴァリアントのポストモダン思想における象徴的な典型なので、とくに取りあげてみよう。

彼はこう言う。マルクスの資本主義の分析が際だっているのは、彼が商品と貨幣という「自明」と思われているものを分析して、そこにいわば「神学」と「形而上学《けいじじょう》」の問題が潜んでいることを正確に見てとっていた点だ。古典派経済学は貨幣を中立なものと考え、市場を自動調節する機能をそこに見た。しかし問題は貨幣自身が独自の商品となり、このことで独自の価値形態をとるということである。貨幣は商品の価値を単に表示するというのは事後的観点にすぎず、商品はむしろ貨幣によって交換されてはじめて「価値」となる。ここにはいわば「命がけの飛躍」がある。そしてこの貨幣の謎めいた性格が「剰余価値」を可能にしている。

　こうして、貨幣の謎が明らかになる。貨幣はつねに他の商品と交換可能であるという特権的なX、いわば「超越論的仮象」である。つまりそれは、かつて「神」がそうであったように、〝幻想〟であるにもかかわらず「容易に取り除けない」人間関係の「疎外態」にほかならない。つまり、宗教や王権が転倒した〝幻想的支配〟であったように、資本主義とは、「貨幣」という「幻想的価値」によってすべての人間関係がそれに従属させられているような、神学的・形而上学的システムにほかならない、と。

　まずわたしの考えを言えば、「貨幣」は宗教と同じく幻想的な（仮象の）価値なのに人間はそれに従属している、という考えは、国家は幻想的な超越性（神や王権）によって人々を欺瞞的に従属させるシステムである、という考えと同型である。だが、貨幣幻想説もまた、事態の本質と属性を取り違えている。

「国家」の本質は、「普遍的暴力」への不安からくる共同的防衛の要請にある。国家秩序の共同的な幻想（たとえば王権の神聖性）は、この本質的な動機に支えられて現実性を帯びるのであって、この幻想が国家の存在を支えているわけではない。

貨幣についても似たことが言える。資本主義において、「貨幣」は一つの商品だが、それは〝一般的価値形態〟となる。つまり、さまざまな商品の価値を一般的に表示する特権的な商品に転化する。このことが搾取の秘密とされるために、柄谷はその転化の本質を「命がけの飛躍」と呼ぶが、それは文学的レトリックにすぎない。

「貨幣」は、もと一つの商品だったが、一般的に交換されるうち、それがもともともつ「使用価値」から離れて、あらゆる商品の「一般価値」を表示するものとなる。いわば商品の「王」となる。しかしこの経緯に過剰な幻想性を見る必要はない。さまざまな財は多様な価値をもつが、なぜある財（＝貨幣）が他の財の多様な価値を一元化し、一般価値として表示するようになるのか。その理由は一つであって、まさしく多くの人々が、多様な財を、すなわち多様な欲望を普遍的に交換するからである。

たとえばどんな「言葉」も、そのときどきの使用では、多様な個別的な意味を担っている。しかしこの言葉の絶えざる使用が、つねに言葉の「一般的意味」（シニフィエ）を形成する。これが、ソシュールが示唆したパロール（言語の個別的使用）とラング（言語の一般ルール）の基礎的な関係である。つまり、パロールにおける多様な意味の普遍的交換が、語の一般意味の体系的秩序（ラング）を形成するのだ。

さまざまな財は、個別の使用においては、その使用者の関心に応じて多様な価値をもつ。しかしその財が絶えず、つまり普遍的に交換されるうちに、この財の価値の一般性が必ず現われてくる。あらゆる財は、それが普遍交換的な性格をおびるかぎり、必然的に人間世界にとっての価値の一般性を帯びるようになる。そしてこのことが、ある特定の財が、さまざまな財の一般価値を表示するものとして選び出される根本原因である。

ここには仮象としての幻想性は全く存在しない。またなぜ金が貨幣として選び出されたかという問いも、不要な形而上学にすぎない。どの財が選び出されるかは利便性やその他の何らかの偶然的理由に任されているが、なにより本質的なことは、必ずそのうち一つが選び出されるということである。

要するに、「貨幣」の秘密は、財と価値の普遍的な交換が広範かつ不可欠となるに従って、人間世界は欲望＝価値の平均的な一般基準を作り出し、何かをその代理表象として選び出すようになる、という本質構造に由来する。人間世界は社会的な関係世界を形づくっているがゆえに、そのような象徴秩序の形成は本質的なものだ。人間世界の意味と価値は本来そのような象徴的秩序であって、そこに反自然的なものや、宗教的な幻想性を読む必要はまったくない。さらにまた、貨幣がそのような一般価値の結晶であるがゆえに、資本主義における搾取や格差が存在するのではない。

かつてマルクスは、同時代の宗教批判者たちを次のように批判した。

あるときひとりの感心な男が、人々が水におぼれるのはただかれらが重力の思想にとりつかれているからだと想像した。もしもかれらが、この観念を迷信的な観念だとか宗教的な観念だとか宣言でもして頭におかなくなれば、かれらはどんな水難にも平気でいられるであろう、と。一生涯かれはこの幻想とたたかった。(略) この感心な男こそドイツのあたらしい革命的な哲学者たちの典型だったのである。(古在由重訳『ドイツ・イデオロギー』一六頁)

「国家」や「資本主義」を〝幻想の制度〟として批判するポストモダン思想家たちは、現代の「あたらしい革命的な思想家」たちの典型といえるかもしれない。しかし国家や資本主義は、なんら幻想の制度ではなく、人間の欲望の集合性によって支えられた強固な存在理由をもっている。したがってそれはある不可避の本質構造を形成している。したがってそれを幻想であると指摘するのではなく、まずこの構造を正しく捉《とら》えることから始め、いかにしてこの構造を改変しうるかを洞察しなくてはならない。

ちなみに、ポストモダン思想による現代国家や資本主義批判には、いくつかの類型がある。

①一切の権威と制度は相対化されるから、どんな制度も権威も本来的な「正当性」をもたない。

②われわれが「自明」とする諸価値は、どれも歴史的な規定をもち、したがって本来的なものではありえない。

③現代の矛盾の原因を起源へと遡《さかのぼ》れば、この「起源」に誤りがあったことが分かる。

④われわれの主体は支配の構造によって規定されており、従属的な主体でしかありえない。

近代社会や現代社会は、個人の主体を国家や資本主義に自ら馴致《じゅんち》するような構造をもつ、「資本主義」は西洋キリスト教の偏執狂的性格、権力集中的性格をもっている、イスラム教や仏教は互酬的あるいは平和的な文化のタイプである、等々の説は、いまも絶えず生み出されつづけている。しかしこういった批判は、総じて、現代国家と資本主義の欺瞞的幻想性を指摘することでこれを批判したと考える、表象の批判といわねばならない。

資本主義の中心問題は、それが近代社会の経済システムとして社会生産を持続的に拡大させるにもかかわらず、なぜその配分はきわめて偏った形を取るのか、という点にある。そしてその本質は、貨幣の物神性や資本主義の幻想性ということにはない。その根本的理由は、むしろ、近代国家が実際には「完全ルールゲーム」として働いていないという点にあるのだ。このことはまた、われわれが現在の資本主義に不信を抱き、その正当性を疑うことの本質的な根拠でもある。

われわれは、ここでもういちど、社会批判の根拠とは何かと問うてみよう。マルクスは資本主義システムの根本的な問題点を「搾取」という概念によって、つまりそれが欺瞞的なシステムであるという観念で捉えた。そしてこの観点は、幻想的支配の完成態としての国家という考えと表裏の関係にある。そしてわたしはこの考えの誤りを指摘してきた。

だが、にもかかわらず、マルクスの主張には強いリアリティがあり、多くの人々が、そこに大きな妥当性を受けとってきた。その理由は何だろうか。それはおそらく、資本主義がもたらす巨大な生産の増大が社会の成員の総体としての労働の結果であるにもかかわらず、ごく一部の人間の占有に帰しているということへの不当感によるのである。そしてその意味は、われわれが、社会が生み出す生産物を、暗黙のうちにその社会の「普遍資産」と見なしている、ということなのだ。

資本主義の現状からつねに平等への要求が現われるのも、おそらくは、すべての人間が絶対的に平等であるべきだという極端な当為からではなく、市民社会が育てる、どんな人間も本来自由と権利において対等な存在であるはずだ、という暗黙の「メンバーシップ」の感度によっている。わたしが、マルクスの資本主義批判がむしろヘーゲル的な近代精神の理念を根拠としていると言うのはそういう意味であり、その資本主義と国家の理論に弱点があるにもかかわらず、マルクスの思想がきわめて本質的な力をもった理由もまたこの点にある。

2　社会批判の本質

理想理念への批判

ヘーゲルは、近代国家の本質を、「自由の相互承認」、つまり「一般福祉」、「普遍資産」の漸進的な実現としてつかんでいた。だから、「近代国家」に対する過激な批判者たちから一定の距離をおいていた。このことは『法の哲学』で如実に見ることができるが、そこで彼は同時代の思想に対する批判を行なっている。そのうちもっとも重要なのは、カント的な「道徳」思想の批判と、シュレーゲルやシェリングに対する「イロニー」批判である。

ヘーゲルのこの思想批判は、社会批判の根拠という問題について決定的に重要な意味をもっている。まずカント批判を見よう。

カント哲学の決定的な業績は二つ。一つは「アンチノミー」に象徴される、伝統的な形而上学の解体。もう一つは、この形而上学の解体の上に「道徳哲学」を打ちたてたことである。彼の道徳哲学の主張の中心は、自然科学が「自然法則」を見出したように、〝先験的哲学〟[*15]は「道徳法則」(道徳律)を取り出すことができるという点にある。これが有名な定言命法で、以下のようだ。

＊15　カントの言う「先験的」の訳語としては「超越論的」が一般的になってきた。しかしカントの transzendental は〝経験に先んじて〟〝経験に関係なく〟という意味を強くもつので、ここでは「先験的」という訳をとっておく。

君の意志の格律が、いつでも同時に普遍的立法の原理として妥当するように行為せよ。(波多野精一他訳『実践理性批判』七二頁)

言い換えるとこうなる。君の主観的な「よい」がつねに「客観的」な「よい」と合致するような仕方で行為せよ。そのときには、君の行為はつねに「善」(道徳的)と言える……。これだと当たり前すぎると思う人もいるだろう。そこで、この命題から導かれる重要な論点を三つ示そう。

①理性は何が「善」であるかを必ず判断できる(カントはいろんな例を挙げている)。そこで、「理性」によって善と判断されたことを、意志の力によって実際に行なうことが「道徳」の本質である。

②人間は社会的普遍性へ向かう正しい「理性」と、自分の快に向かう「感情」との絶え

ざる葛藤《かっとう》として存在するが、「自由」の本質は、理性的な善の判断に従おうとする自由意志が、これに抵抗する感情・情動に打ち克《か》つ点にある。
③しかし右に示された「善の基準」は、社会の全体の善（平和や進歩）と調和するという保証がない。そこでカントは「最高善」と「神の存在」という「理想理念」を論理的に要請する。

一見、かなり常識離れした考えとも見えるが、カントのこのような道徳哲学がもつ時代的な射程はきわめて大きい。まず、この考えによってカントは、「善」の概念を、それまで圧倒的に大きかった伝統的な宗教や神聖なるものの領域から完全に切り離し、何が〝普遍的〟であるかを人間の理性的判断のみに委《ゆだ》ねた、ということが一つ。

つぎに重要なのは、カントの定義は、近代人の倫理の本質として以下のような意味を含む。すなわち、近代人は誰であれ、成育の途上で外側（親・社会）から受け取っている善悪のルールをいったん留保し、どんな外的権威からも自立した理性による普遍的な善悪の判断と、これに従おうとする自覚的な「自由意志」を打ち立てるべきである。ここにこそ近代人の「倫理」の本質がある、とカントは言っていることになる。

もう一つある。「最高善」を言い換えれば、世界のすべての人々が道徳的に完全な人間となる状態を意味する。世界の道徳的完成である。つまりカントでは、人が自力で何らかの美しき（善の）「理想」を構想し、これに向かって努力するところにこそ近代の人間的自由の本質がある、と考えられている。

要するに、カントの「善」の定義は、人間の、「完全性」や「理想」を思い描く理性の能力と、それへ向かおうとする自由意志に定位する。つまりここでの「善」は、〝まず自由な理性の力によって理想的状態を思い描き、つぎに自由な意志においてこの理想の実現をめざす〟という、近代の青年の自然な道徳感情をきわめてよく表現しているのである。

さて、しかしヘーゲルは、このカントの道徳哲学に対して徹底的な批判を試みる。ヘーゲルのカント哲学批判は、ヘーゲル哲学の中できわめて大きな比重を占めるだけでなく、近代倫理思想において決定的な重要性をもっている。ヘーゲルのカント批判としては、『精神現象学』「精神」章における「道徳」と「良心」の対立がよく知られており、「事そのもの」論と並んで『精神現象学』の白眉《はくび》をなすが、これについては『人間的自由の条件』で詳述したので繰り返さない。ここでは、『法の哲学』における倫理思想の批判論に沿って、カントとヘーゲルの「善」の思想を比べてみよう。

ヘーゲルのカント批判は詳細にわたっているが、いくつか力点がある。

まず、カントの定義では、「善」とは、「善についての理性的判断」＋「善たろうとする意志と行為」である。理性的判断とはそれが善についての客観的な判断であることを意味する。カントが『実践理性批判』や『人倫の形而上学』などで挙げている、理性的判断によって誰でも善と悪とを判定できるという例は、「嘘」をつかないとか「悪王」の命令に従わないといったものだが、ヘーゲルの考えからは、理性は「善悪」を絶対的には判断できない。

　カントによれば、何が善であるかは理性によって必ず判断でき、そうである以上、人間は、自由であるためには、善をめがけて行為する意志をもつべきとされる。善（道徳的行為）に向かう自由意志に人間の自由の本質があるから、この「当為」（かくあるべき）こそ「道徳法則」（自然法則ではなく、自由の世界の法則）なのである。だがここからは、理性が感情や欲望を抑制し、善の判断を絶対義務としてこれに向かうべし、という理性対感情の対立の構図が現われる。

　しかし、ヘーゲルによれば、理性が感性（感情・欲望）を一方的に抑制するという仕方ではなく、むしろ人が教養を深めることで、感性や感情のありようをより社会的なもの（＝普遍的なもの）へと陶冶《とうや》してゆく点に、近代精神の倫理性の本質がある。カントの「道徳」の本質は、「人間は善であるべき」という理想家の単なる希望、当為、要請、要求を超えるものではなく、感受性をより普遍的なものへ陶冶してゆくという近代人の倫理の本質にむしろ反するものである。

　さらに、もっと決定的な批判は、ヘーゲルの、近代社会における「善」の理念の複数性、という考え方から現われる。

　すでに見たが、カントの「善」は「最高善」という理念によって支えられている。これは、「善」をなすことは必ずしも「幸福」につながらない、という「福徳の不一致のアンチノミー」から出てきた理念だ。少し考えれば分かるが、「悪い人間が栄え、善人がひどい目にあう」という現実感は、われわれの社会的な矛盾の意識の重要な源泉の一つである。人間は客観的な善をなすことによって真に「自由」である、と言うのはよいが、そのことが個人的な善行の領域にとどまって、社会の〝悪徳の栄え〟を矯《た》めることにまったくつながらなければ、人間は善をなすことの動機を失う。そこでこのアンチノミーを克服するために見出された理想理念（目標としての理念）が、「最高善」、つまり、もっとも道徳的な人間がもっとも幸福となるような世界の状態である。

さらにまたカントにおいては、この理想の可能性の原理として「神」が要請される。ただし、「神」がほんとうに実在するかどうかは問題とされない。重要なのは、人間が「最高善」という理想を認め、これを意志するなら、個々人が「善」をなすべき意味がはっきりと与えられるという点である。この論理は、一見奇矯とも言えるが、神学的な議論の要素はまったくなく、理性的な論理として誠実な一貫性をもって考えられている。

さて、カントのこの「理想理念」は、ある意味で近代精神の特質をきわめてよく象徴するものといえる。近代精神は、もはや神の実在に信をおくわけにはいかない。そこで、あくまで自らの「理性」の能力によって、世界のもっとも理想的な状態、その可能性の原理、至上存在のありようなどを構想し、それを自己の理想として引き受ける以外には、自己倫理の根拠を作り出すことができない。こうして伝統的な「神」の概念を、信仰の対象から、理性による理想の自己構成として捉えなおした点に、まさしくカントの倫理思想の本領があったと言える。

さてしかし、それにもかかわらず、ヘーゲルによれば、このカント道徳哲学は近代の倫理の本質とは両立しえないものだ。その理由は以下のとおりである。

近代社会は人々の「自由」を解放し、許容する。この自由は大きく二つの柱をもつ。各人の「享受」の追求の自由と、各人の「善」(ほんとう)の追求の自由である。すなわち近代社会では、「享受」だけでなく「善」の追求もまた自由なゲームとなる。いうまでもないが近代以前の社会では、善はただ一つ（＝真理）でなければならない。キリスト教会が何度も宗教会議を開いたり、アキナスのような学者が巨大な『神学大全』を書いて、教義を統一しようとしたのはそのためだ。ここでは、真理が何であるか、ということより、真理が「一つ」であることが決定的に重要なのだ。

しかし近代では、このような試みは意味を失う。人々は共同体の役割関係から解き放たれ、それぞれの「幸せ」を追求する。同時に、何が社会的な「善」であるかについての考えも、個々人の価値観に委ねられ多様性を帯びざるをえない。つまり、幸福の内実と正義の内実は、多様性、多数性を本質とするようになる。そして重要なのは、このことから、近代社会では、必然的に、複数の「理想理念」が現われるということである。

カントによれば、理性とは推論の能力であり、したがってその本性は、現に与えられた与件から推論をはじめ、その系列が完成・完結に至るまでその行使をやめないという点にある。これはきわめて優れた洞察である。半月を見ればその全体性・完全性として満月を想定するように、人間は、現在の矛盾の意識（不全の意識）から、世界の完全な状態を想像（＝構想）する本性がある。理性によるこの自由な理想形成の能力、そしてそこへ無限に近づこうとする意志の能力こそ、自由な存在としての人間の本質なのである（ジャン＝ポール・サルトルの実存主義はこの考えの現代版だといえる。「人間の実存は自由の刑に処せられている」という有名な言葉は、人間はつねに自分の自由を選びつつ生きねばならないということを意味する）。

カントの「最高善」の理想を底で支えているのは、おそらく、すべての人間に等しく「幸福」が与えられるべき、という近代的な人間の対等なメンバーシップの感度である。しかしそこから、「悪」なる人間に「幸福」が与えられるのはフェアでない、という推論をへて、すべての人間が「善」（道徳的）であるべきである（このときすべての人間は幸福である資格をうる）、という結論に至っている。しかし、重要なのは、このような人間の理想像は、人間観と価値観の多様性を本質とする近代社会では、決して唯一のもの、単数性にゆきつくことはないということだ。ニーチェが、カントの「最高善」は、真理と理想は絶対的に一つであるというキリスト教的信仰のしっぽを引きずっている、と批判したのはそのためである。

ともあれこのような理由で、近代社会では、必ず複数の理想理念が生み出されることが避けられない。「最高善」は「世界の道徳的完成」という理想を意味するが、これ以外に、「絶対自由」や「絶対平等」や「最善統治」、さらに「絶対無」といった理想すら可能である。そして、どれが絶対的に正しいかを言うことはできない。世界の存在についての限界概念についての問いが、アンチノミー（二項の背反）に行きついたように、世界の理想理念は、多数の理想の背立、つまり「理想の信念対立」に行きつくのである。

したがって、近代の倫理思想は、この本質的な信念対立を克服する原理を含まねばならないのだ。カントの道徳思想では、単数の理想から人間の「善」の義務が演繹《えんえき》されているためにこの問題を克服できず、その点に根本的な欠陥をもつ。ここにヘーゲルのカント批判の核心点があるといえる。

「悪を善となす悪」

わたしはすでに、近代の政治イデオロギーの対立について触れたが、哲学的には、まさしくいま述べた事情が、近代のイデオロギー対立の本質をなしている。そして興味深いのは、ヘーゲルがこの問題に対して明瞭《めいりょう》な自覚をもち、『法の哲学』において、それを近代に固有の「悪」として描いている点だ。彼はこう書いている。

自己意識は（略）一つの義務およびすぐれた意図としてのこうした面のために、行為を他の人たちおよび自分自身にとって善であると主張することができる。（略）そのような行為を他の人たちにとって善であると主張するのはいつわりないし偽善であり（略）悪のこの最後の最も難解な形式によって、悪が善に、善が悪に転倒され、意識はおのれをこのような力であると知り、そのためにおのれを絶対的であると知る。――これは、道徳の立場における主観性の最高の尖端である。（藤野渉他訳、三四八―三四九頁）

近代社会では、社会の公的なルール（宗教・習俗・法の規範）は、もはや個々人にとって絶対的な「善」の意味をもたなくなる。人は、公的なルールと善の〟根拠〟を、自己の内部で自由に考察するため、それらは社会の一般ルールにすぎなくなり、個人は自身の内的な善の基準からこれを自由に批判することができる。ヘーゲルはこの事態を、近代社会では、「善」は各人の「内的な理性の至上権」にゆだねられる、と書いている。

ヘーゲルの考察は透徹している。近代以前では、「悪」とは、一般的に「善」とされる規範を守れないこと、つまり理性が欲望に負けること、あるいはルールを利用して（ズル、欺瞞）他人から利益を奪いとること、などであった。しかし近代社会では、もう一つの、きわめて固有の「悪」の形態が現われる。それをヘーゲルは、「おのれを善と主張する悪」と呼ぶ。

　さて、近代の政治イデオロギーの対立は、諸階層の特殊利害が「理想理念」に転化され、そこに絶対的な「正しさ」が存在するという信念が形成されることで現われる。もちろん、より不利な立場にある階層の特殊利害が、市民社会の理念から見てより重視される理由をもち、それがしばしば「一般福祉」の原則に適《かな》うことはいうまでもない。しかし、いったん特定の「理想理念」としてそれが成立すると、「一般福祉」の原則によってではなく、自分の立場の絶対的な「正しさ」の観念によって、自らの「善＝正義」の絶対性を主張するようになる。

　経済的支配層を代表する政党は、資本の擁護と育成こそ国民全体の利益となると主張し、マルクス主義政党は、プロレタリアートの解放こそ全人民の解放につながると主張する。また全体主義的な政党は、たとえばドイツ民族こそヨーロッパの歴史的堕落を正し、すべての抑圧された人間を救済する、と主張するだろう。カール・マンハイムが示したように、近代政治ではこれらの社会的正義の主張は必ず理想理念を含んだ「イデオロギー対立」に転化し、互いに相手のそれを「イデオロギー」と呼び合うことになる。[*16]

＊16　カール・マンハイムは次のように書く。「このような全体的イデオロギー概念を普遍的に把握する立場からすれば、人間の思想は、党派や時代にかかわりなく、すべてイデオロギー的であり、それを免れるものはまずありえない。どんな思想上の立場にしても、歴史的に変化し

てこなかったようなものはありえないし、現代社会において党派性を指摘されえないものはない。」(高橋徹他訳『イデオロギーとユートピア』一八八頁)

ヘーゲルは、その青年期にフランス革命後の政治党派の死闘を目撃しており、その経験から、近代の政治イデオロギー対立を克服することは思想にとって不可欠の課題だと考えた。政治イデオロギーの対立がそれぞれの「理想理念」の絶対化に発していること、それが強固な「正義」の信念に転化すると「相互承認」が不可能となること、「理想理念」の絶対化はじつは「超自我的」[*17]な「正義」への義務に根拠をもつことを、ヘーゲルははっきり理解していた。そしてこの問題を、『精神現象学』における「道徳」と「良心」という近代精神の倫理範型の概念で解こうとした(これについて『人間的自由の条件』で詳述した)。

＊17 「超自我」は後期フロイトの概念で、父親の暗黙の要求や命令が子の深層心理に内面化されて、内的な規範として彼の行動を規制する。ときに強い攻撃性をもち、自罰的な現われをもつこともある。ここでは、「正義」への要求が、自己の内的な判断や納得を超えて、外的な絶対義務となっていることを指す。

ヘーゲルの説を敷衍《ふえん》するとこうなる。「道徳」は、理性の理想形成の能力から現われて、人間と社会についての極限的な理想像を描き、これを実現しようとする「善」への意志であるのに対して、「良心」は、道徳精神が見出す自己矛盾の意識から現われた、近代のもう一つの「倫理精神」の範型である。近代の「道徳」精神は、多く、たとえばすべての人間は自由かつ平等でなくてはならない、あるいはまた、人間は正しくなければならないという理想理念から出発する。しかし、この理想の類型は、個々人の資質や価値観に応じて必ず複数性をもつ。

ある人間は「差別」の廃絶に人間社会の理想を見るだろうし、ある人間は、人間の絶対的な平等に重点をおき、また内的な自由精神の確保や、精神の高邁《こうまい》さこそ人間の理想であると考える者もある。このような理想類型の分かれは、近代社会が個人の個別的・各自的価値を許容する以上不可避である。各人はしばしば、自らが経験した社会的な矛盾の意識から、これを強く打ち消すような人間的理想の範型を形成するからだ。そしてそのようにして現われた諸理想は、社会階層がおりなす利害関係の対立とからまって、克服しがたい政治イデオロギーの対立を生み出すことになるのである。

ヘーゲルにおける「良心」は、このような信念対立の経験から、この困難を克服しようとして現われるもう一つの近代的倫理意識の類型である。

「良心」は、近代の人間的理想が「多数性」をもつこと、しかしどれがもっとも正しい理想であるのかを、誰も絶対的には知りえないこと（全知のありえないこと）を明瞭に自覚している。「道徳」から現われる善は「理想理念」に根拠をおく。しかし「良心」の善は、この理想の多数性と全知の不可能性についての自覚に根拠をおく。そこに「良心」の優位がある。「良心」はまた、近代社会では、個別性と普遍性の間の矛盾、つまり個人の「自由」と社会性との矛盾が調停されることで、はじめて「自由の本質」が現われることを自覚しており、したがって社会的な「善」は、フェアな相互承認のゲームの中で「一般福祉」を推し進めるという道すじ以外には定位されえないことを知っている。

いうまでもないが、ここで「一般福祉」とは、一つの人間的価値にもとづく理想理念を意味しない。それは、多数の善（理想）が互いに侵害しあうことなく自由な追求が可能となるための、その一般条件の向上ということを意味し、したがって理想理念の信念対立を調停する原理を含んでいるのである。だからそれは、まず人々の一般的な生活水準の向上であり、つぎに多様な思想の相互共存であり、そしてこれらを整える上での民主主義システムの成熟を意味する。まさしくこのために、「良心」は、近代の社会正義の公準を、特定の「理想＝真理のゲーム」ではなく共通了解をとり出すための「普遍性のゲーム」におくことになるのである。

カント的「道徳精神」は、ある任意の理想形成から出発してその現実化をめがける近代人の善の意識の基本的な範型である。しかし注意すべきなのは、「良心」はこの「道徳」の範型の反対者ではないということだ。ヘーゲルによれば、近代精神は、はじめから「良心」の立場に立つことはできない。近代精神はまず承認欲望という暗黙の自己動機から出発するので、自分の「理想」への固執から容易に離れることができない。そのため、「理想の信念対立」という思想的困難にぶつかって自己の理想が相対化されたときに、はじめて、「良心」の境位に進み出るのである。

しかしもう一つ重要な主題がある。ヘーゲルは、『法の哲学』で、この「道徳」から「良心」への進み行きのあいだに、近代のもう一つの倫理範型をおいている。それが「イロニー」である。

イロニーと現代

> さいごに、この主観性が完全に自分を把握して言い表わす最高の形式は、プラトンから借りたイロニー（略）である。（『法の哲学』三六一頁）

「イロニー」は、近代の善についての「主観性」がとる自己と社会との関係理解のもっとも高度な形態である。重要なのは、「イロニー」が、どのような「信念」も相対的であり、絶対的な知が存在しないことを知っているという点だ。ヘーゲルはその特質をつぎのように描いている。

①主観性は倫理的なものをたしかに知っている。
②自分を放棄して、この倫理的な「正義」に没頭せず、またそこから行為せず、

③この客観的な倫理性に関係しながら、しかし自らはそこから距離をとる。
④「そして自分を、しかじかに意欲しかつ決定する主体、しかもまったく同様に別なようにも意欲し決定しうる主体である、と知る」（『法の哲学』三六四頁）。

「イロニー」の命名はプラトン（ソクラテス）に由来するが、ヘーゲルがここで念頭においているのはドイツロマン主義における「ロマン的イロニー」の概念である。アイザイア・バーリンに、フリードリヒ・シュレーゲルの「ロマン的イロニー」についての文章があって、ヘーゲルと比べるとはるかに分かりやすい。

> イロニーはフリードリヒ・シュレーゲルによって創出された。この観念は、あなた方が職業に従事している誠実な市民を見る時、正しく構成された詩――規則に従って構成された詩――を見る時、市民たちの生命と財産を保護する平和的な制度を見る時にはいつも、それを笑ってやれ、ばかにしてやれ、反語的であれ、吹き飛ばしてやれ、反対のこともまた正しいと指摘してやりたまえ、ということである。そこで唯一の武器は、死に対抗し、彼にとっては、化石化に、あらゆる形態の固定化に対抗することであり、生命の流れの凍結こそ彼がイロニーと呼ぶものである。（略）この二つの要素――自由な拘束されない意志と、事物の自然が存在するという事実の否定、何についてであれ固定した構造を吹き飛ばし、爆破する試み――が、このきわめて価値のある、重要な運動の中

で、もっとも深く、ある意味でもっとも途方もない要素である。（田中治男訳『バーリンロマン主義講義』一七八―一七九頁）

「イロニー」は、ヘーゲルの「自己意識の自由」における、すべてにおいて真理や権威を疑う「スケプチシズム」の範型の変奏でもあり、「ラモーの甥《おい》」における、現実の矛盾を知悉《ちしつ》しながら、現実を変革する手段をもたない知識人の自己矛盾の意識の変奏でもある。「イロニー」は、この社会の矛盾を深く知っている。しかし、一切は相対的であるという論理によって自分を支えているから、矛盾を克服する「原理」を見出すことはできない。このため「イロニー」は、現実に対する否定的・退行的・皮肉的・逃走的態度をとる。その態度の本質は、論理相対主義を最大限に活用して社会の矛盾を批判しつつ、しかしそれに距離をとって「精神の内的自由」を確保することにある。

さて、このようにヘーゲルは、『法の哲学』において、カント的「道徳」と、シュレーゲル的「イロニー」の概念を批判するが、このことは現代の批判思想への批判として重要な意味をもっている。なぜなら、二〇世紀における二つの中心的批判思想、マルクス主義と、それに代わって登場したポストモダン思想は、まさしく、ここでヘーゲルが批判している「道徳」と「イロニー」の典型的な思想だといえるからである。

「道徳」の思想は、まず一つの理想理念を思い描き、この理想と引き比べて現実を評価し、そしてこのあるべき世界（当為）へ向かって、自分と他者の行為を促す。マルクス主義は、「唯一の正しい世界観」を標榜《ひょうぼう》し、国家と権力の死滅によって人間にとっての「真の自由の国」が訪れると考えた。マルクスの立場が、当時、社会批判として相対的にもっとも妥当で強力な立場であったことを、マルクス主義者でない多くの知識人も認めていた。しかしマルクス主義者は自らの「理想理念」を絶対化し、そこから現われた社会主義国家は、苛烈《かれつ》なイデオロギー闘争によって、この理念に同じない人々を「悪」なる存在として抹殺（＝粛清）するような絶対権力を生み出した（この「正義の絶対性」を後ろ盾とする絶対権力は、侵略的な近代資本主義国家への反動として登場したファシズム国家においても同じ構造を取った）。そこでは善をめがける「理想理念」が、思想における闘争を通して「悪を善となす」巨大な「悪」へ転化するという現象が実際に生じたのである。

そして、ソビエト連邦におけるスターリニズムの絶対権力を目撃することから、フランスのポストモダン思想が現われた。そのためこの批判思想は、徹底的な反権力の思想という性格をもった。ポストモダン思想は、マルクス主義の「イデオロギー」とその権力の絶対的な「正しさ」の信念を相対化することにその思想の全精力を傾けた。つまりそれは「イロニー」の思想だった。ポストモダン思想は、この意味で、「理想の多数性」を自覚し、理想についての絶対的な全知のありえないことを深く自覚した現代の新しい倫理精神だったといえる。

しかし、まさしくヘーゲルが述べたように、ポストモダン思想は社会の矛盾を深く知ってはいるが、一切は相対的であるという論理によってこれを否定することしかできず、この矛盾を克服する「原理」を見出して先に進むことができなかった。

たとえばフーコーの反権力思想は象徴的である（これについてもわたしは『人間的自由の条件』で詳細な検討を試みた）。彼は、近代国家の「権力」の本質分析を行なったというより、近代と近代国家の本質を、規範の内面化を主体におしつける「規律権力」として描き出すという仕事を行なった。近代社会の本質は不可視の「規律権力」であるという彼の現代批判は、支配の道具としての「幻想国家論」の一変奏形態であって、総じてあらゆる権威と制度の相対化の試みという枠組みを出てはいない。

近代国家がさまざまな形で「規律権力」を発動してきたことは事実だが、何度も見てきたように、近代国家の「本質」は、人民を支配する「規律権力」であるというようなところにはない。この批判は、人間主体への絶対的な権威や基準の押しつけに対する、「内的自由」からの抵抗を表現しているが、この考えからは「国家」の本質を取り出すことはできず、そのため近代国家（社会）の根本的な矛盾を克服する原理を取り出すこともできない。それはまさしく、一切の権威や制度の根拠を相対化することで批判し、そのことで現実から距離をおいて「精神の内的自由」を確保しようとする「イロニー」の象徴的一類型なのである。[*18]

＊18　日本でも、国家の本質を、幻想的権力、規律権力といった概念で捉える考えは、いまも、さまざまな亜種を生み出し続けている。その例として、東浩紀《あずまひろき》・大澤真幸《おおさわまさち》による「規律権力」の現代的ヴァリアントとしての「環境管理型権力」の概念がある。(『自由を考える』)。

「道徳」と「イロニー」の範型は、新しい世代が試みる現代社会の批判としては、動かしがたい必然性をもっている。総じて近代人は、社会批判をなんらかの理想から出発しないわけにはいかないが、この理想の「挫折《ざせつ》」の経験は、転じて絶対的理念への徹底的な相対化にゆきつかざるをえない。ニーチェが洞察したように、美しい理想から出発して挫折し「ニヒリズム」に至らないような精神は、近代の自由精神とは言えないのだ。しかし、現代社会への本質的な批判は、この自由なイロニーの精神の場所にとどまっていることはできない。

ヘーゲルは、近代精神が進み出るべき倫理思想（社会思想）の本質を、「良心」という類型で示していることが分かる。「イロニー」と「良心」は、ともに理想理念の絶対性を否定する。しかし「良心」は、正しさ一般をすべて否定するのではない。両者の違いは、象徴的に言えば、「普遍性」という概念を認めるか否かにある。

イロニー的相対主義は、価値の多数性を所与の事実と考え、したがって普遍的なものはどこにも存在しないと宣言する。これに対して「良心」は普遍的な思考を模索する。そして、価値の多数性は精神の自由にとって本質的なものだが、それは、自由の相互承認のゲームが十全に成立したときにはじめて可能であると考えるのである。

3　現代社会のゆくえ

さて、ここまで近代社会（近代国家）の哲学的本質について考察してきたが、ひとまず大きなまとめをおいてみよう。一体この考察によって何が明らかになっただろうか。

普遍ルール社会

近代哲学者による近代社会理念の諸考察のうち、わたしはもっとも重要なものとして、ホッブズの「普遍闘争」とルソーの「一般意志契約」の概念をあげた。いずれもきわめて簡明にして動かしがたい社会「原理」である。

戦争は相互不信と財の希少性を根本原因とする。普遍暴力状態を制御するには、超越権力を立て、強力なルールによって統治状態を作り出す以外にない。これがホッブズの原理。たしかに超越権力を作る以外に普遍暴力を抑制することはできないが、しかしこれまでそれは必ず超越権力による専制支配に帰着した。普遍暴力を制御しつつ、万人の自由を確保する原理は一つで、一般意志による人民権力を統治権力として打ち立てることである。これがルソーの原理。

つぎに、ヘーゲルはこれを近代国家の哲学理論として再構成した。「自由の相互承認」「一般福祉」「普遍資産」がその中心的概念である。そしてわたしはこれら近代哲学者による近代国家理念の本質を、「普遍ルール社会」の概念で呼んだ。

わたしが、この本で多くの近代哲学者の諸考察からとくにこの三人の「社会原理」に焦点を当てたのは、そこから取り出せる近代社会の本質としての「普遍ルール社会」の理念が、人間の「自由」の確保と人間的「自由」の本質という観点から、もっとも重要なものと考えるからだ。あるいは、「普遍ルール社会」の中でこそ、人間的「自由」の本質がもっとも深く発現すると考えるからである。だが、この点については後にヘーゲルの「事そのもの」論でもっとくわしく論じる。

ところで、近代国家が、基本的には人民の対等な自由の権利によって構成された社会であることは、現在、ある意味では常識的なことではないだろうか。なぜこのことを、哲学の学説として詳しく論じる必要があったのか。その理由は一つで、二〇世紀を通して、近代国家と資本主義の本質が大きく誤解されてきたからである。

まず、近代国家が、対等な自由の権利によって構成された社会（国家）であることは理解されていても、そのことは単に歴史的な事実として〝緩やかに〟理解されているだけで、社会における支配や不公正を克服する積極的な原理として理解されてきたわけではない。

言いかえれば、人々は、近代国家は自由の権利の対等という原則によって成立しているが、それにもかかわらず、あるいはむしろそれゆえに、ナショナリズムや資本主義の矛盾が現われていると考えてきたのだ。ところが、われわれが見てきたのは、近代哲学者たちによる近代国家の「理念」は、人間の自由の普遍的な実現についての一つの根本的な原理であり、現在にいたるまでそれを超える原理はどんな形でも現われていない、ということだった。

近代国家の理念と現実がはっきりと区別されねばならないのは言うまでもない。だが、二〇世紀の批判思想の経緯は、まず現実の近代国家がさまざまな矛盾の噴出によって批判され、またその大きな原因としての資本主義が強く批判され、さらに、その根拠とみなされた近代国家の理念それ自身が批判されるという道すじをとった。

しかし、近代国家の理念と現実が明瞭に区分されねばならないように、理念の批判と現実の批判もまた明確に区別される必要がある。現代の批判思想の最大の問題点は、近代国家の現実の批判がその理念の批判と混同され、そのために理念の批判自体が誤ったものとなったという点にある。この経緯をもう一度簡潔に整理してみよう。

現代の批判思想

ここまで見てきたように、国家の本質は、欺瞞や幻想の制度ではなく、普遍暴力に対する共同体の共同防衛という点にあり、近代国家の理念は、この基礎の上におかれた「自由の相互承認」にもとづく「普遍ルール社会」という概念に定位される。また、資本主義の本質は、社会生産を持続的に増大するはじめての経済システムとして「近代国家」における「自由」の解放を支えるものとなった点にある。この近代に固有の経済と生産のシステムの基本構造をわたしは、普遍交換‐普遍分業‐普遍消費の概念で示した。

ところでしかし、なぜ現代の批判思想は、近代国家の理念を十分に検討しようとせず、社会的矛盾の意識から近代社会それ自身を否認し相対化するという屈折した批判の道を取ったのだろうか。ヘーゲルがおいた、近代の倫理精神における「道徳」思想から「イロニー」への展開という範型は、このことの理由をよく示唆している。

近代社会は、万人の「自由」の解放という高邁な理念から出発したが、その現実は、理念とは大きな隔たりを見せ、近代国家はむしろ、人間の自由にとってきわめて抑圧的な支配原理として現われた。一九世紀後半から二〇世紀のほとんどの知識人にとって、国家と資本主義は、一つのものとなって、近代の人間的な「自由」の最大の敵と見なされ、また実際にそのような力を振るった。近代精神は、この矛盾の意識から一つの「理想」状態を思い描き、この理想理念から現実社会を批判するという典型的な「道徳」意識の態度をとった。その象徴が社会主義思想である。

だが、社会主義は、社会的公正と万人の自由を調整する原理をもたず、結局、自ら巨大な国家権力による専制状態を生み出すことで終わる。そして、ポストモダン思想が、ヨーロッパの批判思想を受け継ぐものとして登場する。

ポストモダン思想は、絶対的な「理想理念」への対抗思想という本質性格をもっていた。「大きな物語」の終焉《しゅうえん》とは、「理想理念」の絶対化とそこから生じる巨大な権力に対する、断固たる否定を意味していた。真理、普遍性、絶対性、客観性といった概念がすべて拒否されたのはそのためである。こうして、ポストモダン思想は、典型的に「イロニー」の思想であった。

ヘーゲル的な観点からはこう言わねばならない。マルクス主義からポストモダン思想へと進んだヨーロッパ思想の流れは、近代社会がきわめて矛盾にみちた現実としてその姿を現わしたとき、現実批判として近代精神がとる必然的なプロセスを象徴的に示している、と。

つまり、現実に対する激しい矛盾の意識は、その不全性の打ち消しを動機とする特定の「理想理念」の形成という道を取らざるをえなかった。そして絶対化された「理想理念」が巨大な権力を生み出すというもう一つの経験が、つぎの「理想理念」の相対化の思想をもたらすことになったのだ。だが、「理想」の徹底的な相対化の思想は、それだけでは決して本質的な批判思想を形成することができないことは明らかである。

国家と資本主義のゆくえ

さて、このようなわけでわれわれは、現代の批判思想とは異なった観点から、つまり近代社会の基本理念の観点から、現代社会のもっとも本質的な問題点を確認してみなければならない。

近代国家は、理念としては、「自由の相互承認」にもとづく「普遍ルール社会」をめがけるべきものとして出発した。その目標（公準）は、完全な平等状態の実現ではなく、成員自身によって決められたルールによるフェアな競争ゲームを通して、人々の一般福祉をつねに向上させ、そのことで各人の享受と善の自由な追求の一般条件をたえず高めるという点にあった。しかし、現実の近代国家はそのようなプロセスをたどらず、むしろより高度な階層支配のシステムであるかのように現われた。その理由をどう考えればいいだろうか。

決定的な理由を二つ考えることができる。

第一に、近代国家の理念的な本質は「自由の相互承認」という概念にある。しかし、近代国家の間には相互承認は存在せず、むしろより厳しい普遍闘争状態がはじまったこと。第二に、資本主義システム自体が富の配分の偏在を生む「格差原理」（ロールズのそれではない）をもっていたことである。

第一の問題が、なにより重要である。かつて、蓄財の出現が普遍闘争状態を作り出し、すべての原始共同体を否応《いやおう》なく「戦争共同体」へと変えたが、近代国家どうしもまた同じ原理によって、新しい形での「戦争国家」どうしのせめぎ合いの関係に入ることになった。ここに新しい質をもたらしたのは、市場と資源をめぐる資本主義競争という契機であり、またこれにともなって生じる生産力と生産技術の高度の進歩による、強力で破壊的な軍事力競争である。

近代国家は、「普遍ルール社会」という原則からは、一般福祉の向上という中心課題をもっている。しかしそれ以上に、つねに資本を育成し、生産力の増大を軍事の充実に注ぎ込むという至上課題を負っていた。他の国家との緊張関係におかれた伝統的専制国家が、つねに人民を生存ぎりぎりの状態におかざるをえなかったように、多くの近代国家は、自国の存亡をかけて、資本主義的な経済競争と軍事力競争という二重の圧力に駆動されていたのである。

こうして、結局のところ、大多数の民衆は、伝統支配と変わらない〝生存ぎりぎり〟の状態におかれることになった。象徴的なのは、近代国家において、広範な大衆に富が多少とも行き渡るような現象がはじめに現われたのは、第一次大戦のあと、この戦争をほとんど無傷で通過して一人勝ちの債権国となったアメリカだったことである。そして、この現象が徐々に広がるのは、先進国のあいだでの厳しい軍事競争がほぼ終焉する第二次大戦の後である（いわゆる大衆消費社会がまず現われたのも、第二次大戦を有利に終えたアメリ力においてである)。

近代国家は、理念としては「普遍ルール社会」をめがけたが、外部に、「生産機械＝戦争機械」としての効率を最大化させねばならない強力な要請をもっていた。そうであるかぎり、内部において「普遍ルール社会」を実現させることはきわめて困難になる。つまり近代国家は、相互承認にもとづく「普遍ルール社会」の国家になる前に、つねに自己成長の最大化をめがける「競合資本主義国家」たらざるをえなかったのだ。このことが、近代国家が「市民国家」として出発したにもかかわらず、つねに資本の成長と権力の安定を重視し、一般福祉についてはこれを後回しにせざるをえなかった最大の理由である。

第二の理由は、資本主義の「格差原理」だが、これについてはマルクスの資本主義の分析が、いまも第一級の仕事として生きていると言える。すでにみたように、資本家が利潤を得るシステムを「搾取」(不当性)の概念で考えることはできない。利潤こそが、普遍交換と普遍分業の動因になっているからだ。しかしそれでも現在の資本主義システムが、相互承認にもとづく「フェアなルールゲーム」であるとは言えない。

なにより、金力は権力やルール権限を〝買う〟ことができるから、資本家階層は「フェアなルールゲーム」がもたらすはずの競争の流動性をつねに阻害することができる。要するに、資本主義の自然な「格差原理」なら、これを市民的に制御する原理と条件が必ずある。しかし強力な資本家階層が固定的に形成されるほど、それは広範な階層の利害対立の問題に転化する可能性をもっている。しかしその場合でも、資本主義の幻想性や欺瞞性という観念ではなく、「普遍ルール社会」の理念からする資本主義の「正当性」の理論が必要なのである。

こうして、われわれは現代社会のもっとも本質的な課題をつぎの二点に追いつめることができる。

第一に、「自由」の普遍的な解放ということを前提とするかぎり、近代社会の「普遍ルール社会」という理念の実現をゆるやかに推し進めてゆく以外の方法はない。これを阻害している最大の要因は、諸国家のあいだに「相互承認」が成立しておらず、普遍闘争状態が持続していることにある。第二次大戦以後、先進国どうしは一定のゆるやかな相互承認のルールを、つまり武力による闘争をやめ、経済競争を行なうというルールを形成した。しかしもちろんこれは十分ではなく、経済競争はある意味でいっそう激化している。

人類社会のつぎの課題は、まず先進国家間に（ちょうど市民革命がそれを成し遂げたように）、「一般意志」によって競争を調整する相互承認のルールをいかに打ち立てることができるか、という点にある。このルールが成立しないかぎり、どの先進国家も、つねに経済成長を最大化すべしという外的要請におされ、「普遍ルール社会」の理念はどこまでいっても実現しない。

第二に、資本主義システムのルールを、この経済ゲームに参加する成員の一般意志によって、市民的に制御することである。

近代社会の政治システムでは、その「正当性」の理論は近代哲学においてきわめて自覚的に形成された。ルソーの「一般意志」、そしてヘーゲルの「自由の相互承認」がその根本理念である。近代国家は人民の「自由の相互承認」にもとづくものだからその政治ルールは「一般意志」を代表しないかぎり「正当性」をもちえない。これが近代の政治統治の「正当性」の概念である。しかし、資本主義システムについてはこの「正当性」の概念はまだ十分自覚的な形では理論化されてこなかった。

資本主義には格差原理がある。だが、資本主義は一つのルールゲームだから、ここで現われる富の格差はそれ自体が不当だとは言えない。資本主義が近代社会の中で果たす根本的な役割は、すでに見たように、最終的には「普遍消費」を拡大してゆくという点にある。したがって、資本主義が格差を生み出すにもかかわらず、その進展が、より多くの人々の「消費」を徐々に拡大してゆくかぎり、そこにはいわば〝暗黙の正当性〟が認められる。じっさい、日本の高度成長を含む第二次大戦後の大衆消費社会の出現は、資本主義に暗黙の正当性の承認を与えたといえる。しかし哲学的な観点からは、資本主義の「正当性」の概念は、その基準を、先進国の一般福祉や普遍消費の向上ではなく、さらに世界大におけるそれにもたねばならない。

統治権力の「正当性」の概念が、それの批判の本質的根拠となるように、われわれは資本主義の「正当性」の概念を確定しなくてはならない。

ともあれ、重要なのは、現代の資本主義の根本的な困難を克服するためには、これまで現代思想が長くとってきた、反国家、反資本主義、反ヨーロッパ、反近代といった表象を捨てねばならない、ということだ。そしてむしろ、すべての人間を普遍支配構造から解放するという「近代市民社会」の基本理念が、現在もまだ可能性の原理たりうるかを、十分に再検討すべきである。わたしがここで試みたのは、その哲学的前提を仮説的に提示することだった。しかし、この仮説の妥当性を確証するには、ここで示された課題の諸条件の具体性をさらに追いつめる「自由の相互承認の社会学的転移」を必要とする。*19

＊19　わたしは『人間的自由の条件』で、この課題を「自由の相互承認の社会学的転移」と呼んだ。つまり、近代市民社会の根本原理を「自由の相互承認」の概念で示すことができるが、この概念が新しい社会原理として現実的に可能となるかどうかは、その具体的な諸条件についての社会学的な検証が必要である。この作業についての構想をわたしなりに進めている。

第五章　人間的「自由」の本質

1 「自由」の本質とは?

この章のテーマはヘーゲルの「自由」論である。ここまでわたしは、近代社会の根本理念を「自由の相互承認」にもとづく「普遍ルール社会」として描いてきた。だが、その場合の「自由」とは一体何を意味するのかが、ここでの「自由」論の主題にほかならない。ヘーゲルでは、人間の本質は精神であり、人間精神の本質は「自由」の概念で示される。「自由」はまた、ヘーゲル哲学のもっとも中心をなすテーマであり、彼によれば、近代社会とは、歴史上はじめて人間社会が「自由」の本質を展開し発現しうる可能性をもった社会である。したがって、人間的「自由」の本質が何であるかについての考察は、「自由」を実現する「近代社会」の構想ときわめて密接に結びついている。

ヘーゲルには、『法の哲学』の序論に、「自由」の本質についての卓越した自由論があるが、じつは『精神現象学』の全体が、人間的「自由」の展開についてのきわめて独創的な本質論である。ヘーゲルの自由論の卓越性をまず大きく輪郭づけてみよう。

哲学の自由論には長い伝統があるが(デカルト、スピノザ、ヒューム、カント、ミル、ベルクソン、キルケゴール、ハイデガー、サルトル、バーリン、ローティ等々)、その多くは〝形而上学的《けいじじょう》〟な問題設定から十分に分離されていない。たとえばスピノザは、神の全知を想定すればじつは「自由」は存在しえないと述べ、近代哲学における自由論の重要な出発点となった。自由は自然原因を超えた絶対的な自発性である（カント、ベルクソン、サルトル）。あるいは、自由は絶対的な差異化の運動である（ポストモダン思想、ラカンの「散乱する欲望」、ドゥルーズの「n個の性」、デリダの「差異の戯れ」）など、現代にいたるまで多くの「自由」論は、大なり小なり〝形而上学的〟なあるいは〝形式論理〟上の難問のうちをめぐっている。というのは、果たして「自由」が存在するのか否か、絶対的な「自由」が可能か否か、といった問題設定は、それが人間の生活と社会における自由の可能性の条件とリンクされていない限り、単に形而上学的な、あるいはレトリカルな問題にとどまるからである。

自由を論じるヘーゲルの思考は一見形而上学的である。しかし、その内実は、いま見たような形而上学的＝形式論理的な難問からはっきり離れていて、見事な自由の「本質観取」をなしている。だが、ここではヘーゲルの自由論と他の哲学者たちのそれとを比較して論じることは避ける。さしあたり、まず彼の「自由」の基本定義から出発し、つぎに人間的「自由」がどのような展開のプロセスを取るかについての全体像を描き出してみよう。

「自由」の定義

まずヘーゲルは、「自由」を生命の運動の本質として定義づける。「生命」とはどこまでも自己更新しようとする「本質力」である。だから動物の「意識」も、他を否定して（摂食して）自己を維持し拡大しようとする「力」に貫かれている（この基本構想はニーチェの「力」の仮説とほぼ重なっている）。人間の「意識」も基本は同じだが、しかし、動物的意識とは決定的な差異がある。

人間は「自己意識」をもつ。このことが人間存在に独自の本質を与える。動物の欲望は、他を否定しつつ自己を維持・拡大することだが、人間の欲望は「自我」の欲望、すなわち「自己価値」を確証しようとする欲望である。「自由」とは、いわば〝自己自身たろうとする〟「力」（本質力）だが、人間においてそれは「自己価値」を求める「自己欲望」となる。

つぎに人間は社会関係のうちを生きるから、「自己価値」への欲望は、「他者の承認」という契機を必須のものとする。こうして、人間が「自由」を求めるとは、単にある欲望への可能性を求めること、自立存在となることではなく、本質的に、他者関係の中で自己価値の承認を獲得する営みとなる。

さらにヘーゲルは、これまでさまざまに議論されてきた自由の一般的定義、つまり、何にも規定されない思考の自由、意志の絶対的な選択可能性、一切の外的な拘束をもたないこと、欲求を満たすことのできる能力、といった定義を退け、つぎのようなきわめて独自の考えをおく。

もろもろの衝動に関係する反省は、これらの衝動を表象し、見積もり、これらの衝動をたがいに比較する。つぎにこの反省はまた、これらの衝動をその充足のいろいろの手段や結果などと比較し、そして満足の一全体――幸福――と比較する。（略）このように思惟の普遍性がすくすくと生《は》えてくることが、教養の絶対的な価値である。（藤野渉他訳『法の哲学』二一二頁）

ここで際立っているのは、彼が人間的欲望の特質として、いわば「欲望の複数性」（＝もろもろの衝動）から出発している点だ。

一般に、単純な生き物ほど欲望（欲求）は単数的だが、高等な生き物ほど欲望は複数的になり、そのつど欲望の留保や選択ということが現われる。しかし大きく言えば、動物では欲望は本質的に「一義的」である。ここではあくまで身体が意識の「主体」（主人）であり、ただ、身体的欲望をすぐに満たすか、あるいは事態に応じて遅延するか、という判断が行なわれるにすぎない。

だが、人間では、「欲望」と「意識」のあいだに独自の関係の本質が現われる。人間の欲望は、身体的、感情的、心理的、精神的な諸要求の層をもち、いわば多様な〝欲望の束〟をなしている。この「欲望の内的な多数性」は、つねに実存のそのつどの関心や目標と相関して、外的世界と主体とのあいだに多様な意味（有意義性）の連関を作り上げる。そしてこの意味の連関が、また人間主体における「状況」「判断」「決断」という本質を形成する。このことで、人間の意識は、根本的にはつねに欲望に規定されているにもかかわらず、自己を主体として意識し、把握する。

人間は、このようにたえず「欲望」とその実現の「条件」のうちに規定されながら、その主体的判断は、単なる衝動の満足を超えて、つねに社会の関係のうちでの「自己配慮」に、つまり自分の「幸福」への配慮に向けられる。多様な欲望と条件の選択が、「幸福」という自己配慮によって支えられること、これが人間の「自由」の第二の規定である。

さらに重要な点がある。「幸福」は、人間の生の「目的」を一般的に表示する言葉だ。近代以前では、多くの場合「幸福」は、物語の主人公が求めてつかむものにすぎなかった。しかし近代社会は、各人がそれぞれの「幸福」の可能性を求めて生きる社会となる。ここで人はいわば「他者の欲望」を欲望する。つまり、誰もが、一般的に人々が「幸福」と考えるものを求める。他者が欲望するもの、それが「幸福の一般表象」である。

しかしまた人間は、その意識の本性によって、単に「幸福」の一般性を欲望するだけでなく、一体何が自分の「ほんとうの幸福」なのかを問う存在となる。人間の「自己配慮」が、単なる衝動の充足や幸福の一般表象から、より普遍的なものへ向かう本性をもつこと、これをヘーゲルは、「自由」のもつ「無限性」の契機と呼ぶ。

> 人間は貧しく、みじめで、たよりない存在だが、にもかかわらず、自分の自由と自主性について無限の自己意識をもっている。わたしは自由な存在として尊敬されることを要求します。人格のうちに対象化されているのは、わたしが、この世を生きるこの個人として自由であり、広がりのある、思考する存在だということです。このように極端と極端がつながるのは、精神のなかではじめて可能なことです。精神とはおそるべきもので、いわゆる健全な常識からすると狂っているといわれかねないが、このように正反対のものを結びつけるのが精神で、その力は偉大です。わたしは道端の石ころのように力なく、はかない存在ですが、弱い存在ながら、自分のことを無限に自由だと自覚しているのです。（長谷川宏訳『法哲学講義』九三―九四頁）

この言葉は、ヘーゲルの「無限性」の概念の感度をよく伝えている。人間は欲望をもちつつ自己存在と世界との関係をつねに対象化する。〝欲望をもつ〟とは、自己の存在が、もろもろの衝動とそれを充足すべき諸条件に規定されることだが、同時にそのことがまた自己の存在理由となることでもある。つまり人間は、自らの欲望とその条件に絶対的に規定されながら、にもかかわらず、自己存在を、つねにより普遍的なものとの関係の中で、いわば全世界と釣り合う存在として捉《とら》える。人間は、存在としては宇宙のなかで無に等しいが、精神の本質としては、「世界」を自分のうちに所有している。そうヘーゲルは言っている。

さて、こう見てくると、ヘーゲルの「自由」論の独自の特質を理解することができる。ここで「自由」は、そもそもそれが可能か否か、またそれは絶対的自発性か否か、といった形而上学的、形式論理的なアポリアから切り離され、人間の生の時間を貫く精神の本質力としてつかまれ、その特質が生き生きと描かれている。人間の意識は、〝反照する〟意識、つまり自他をどこまでも対象化する「自己意識」である。この単純な出発点から、すべてが弁証法的な展開のプロセスをとる。それは、「自由」「必然」「規定」「存在」「絶対原因」「可能性」といった抽象観念をめぐる定義ではなく、人間の生への意志と欲望の本質力の展開として描き出される。対象化する自己意識は、他者関係の中で「自己配慮」の欲望となり、それは本質的に承認の欲望を含み、そこから自己をより「普遍的なもの」と結びつけようとする。

こうして、ヘーゲルの「自由」の定義は、「自由」の本質力がその展開を許される近代社会において人間がどのような「自己配慮」の欲望を形成してゆくかという、首尾一貫した人間欲望の〝範型論〟へと進み出るのである。

さて、ここまで来てわれわれは、『精神現象学』が「意識」→「自己意識」→「理性」→「精神」という順序で進むことの理由を、より明瞭《めいりょう》に理解することができる。つまりそれは、人間的自由の本質の弁証法的展開の長い道すじを意味する。

「自己意識」で、ヘーゲルは、人間的自由のはじめの形式としての「自己意識の自由」という範型を描く。「自己意識の自由」（ストア主義・スケプチシズム・不幸の意識という三類型）は、いわば近代社会において、若者が「自己価値」を自己意識の内面で確保しようとする努力の類型であり、青年期の過剰な自恃《じじ》やプライドのありようをよく象徴している。[20]しかし「自己意識の自由」の試みは「他者の承認」の契機を欠いているために挫折《ざせつ》し、つぎの「理性」の段階へ進む。

＊20　「自己意識の自由」は、ストア主義、スケプチシズム、不幸の意識という三つの範型をもつ。簡潔に整理すると、ストア主義者の優位は、「他の人間はみな自己価値を認められようとして競争しているが、それが醜い争いであることに誰も気づいていない。私はそのような価値の競争がなくても自分の存在価値を認めている」という思考にある。懐疑主義者《スケプティック》の優位は「他の人間は、さまざまな主張が観点さえ変えれば、どんな主張も相対化されてしまうことを知らないし、この世に絶対的な真理など存在しないことを知らない。私だけがそれを知っている」という思考によって与えられる。最後の「不幸の意識」は、たとえばキリスト教やマルクス主義など、高邁《こうまい》な理想を含む理論を我がものとすること。このことで青年の自己意識はきわめて大きな「自己価値」の意識をうる。しかし高邁な理想と現実の未熟な自己とのあいだの大きな乖《かい》

離《り》を意識するほど、青年は理想と現実のギャップに引き裂かれる。この意識が「不幸の意識」と呼ばれる。ヘーゲルによれば、「自己意識の自由」は要するに、他者との関係的な承認によってではなく、自己意識の〝内部〟で自己価値を確証しようとする努力で、これに挫折してはじめて人は、理性の段階、関係的承認を求める場面に歩み入る。

「理性」は、人が他者との社会関係の中で「承認」＝自己価値を得ようとする段階であり、「行為的理性の諸段階」と呼ばれる。ここは重要な意味をもっている。「行為する理性」の段階は、いわば近代の青年が多く経験する「自己理想」の段階、すなわち、はじめて現われる「ほんとう」への欲望の範型と呼ばれるべきものだからだ。「自己意識の自由」は激しい「自己価値」の内面的欲望を意味する。「行為する理性」はこの「自己価値」の欲望の挫折として現われるのだが、ここでは内面的な「自己価値」の欲望が、外的な「自己理想」への欲望という形をとる。そのような意味でそれは「自己のほんとう」と「ほんとうの自己」という意味を帯びる。

こうして「自己意識の自由」から「行為する理性」へいたる欲望の進み行きは、近代社会において、「自由」を許容された人間精神がめがける、新しい欲望とその対象の範型論という性格をもつ。では、ヘーゲルがおいた、青年期の「ほんとう」への欲望の範型を辿《たど》ってみることにしよう。

2　近代的「欲望」の本質――恋愛・正義・成功

近代人の生の目標としての「ほんとう」は、ヘーゲルでは「絶対本質 absolute Wesen」という術語で示されるが、哲学的には、人間の欲望の「真実性」「本来性」「至上性」「超越性」という概念でおき換えられる。もっと一般的に言えば、人間の生を絶対的に意味づけてくれるような目標や対象を意味し、とくにここでは、いわゆる青年期の「自我理想」と考えるのがもっとも近い。

ヘーゲルがここでおいているのは、①「快楽《けらく》と必然性《さだめ》」、②「心胸《むね》の法則《のり》」、③「徳の騎士」、最後に④「事そのもの」という四つの範型である。これを一般的な言葉でいうと、①「恋愛のほんとう」、②「社会正義のほんとう」、③「正しさそのもの（道徳性）」になる。ヘーゲルによると、青年はこういった範型において多くの挫折を経験し、最後に④「事そのもの」、つまり「表現＝営みのほんとう」の範型へと進む。

しかし、わたしはここで、「ほんとう」の追求のヘーゲル的範型に少し変更を加えて、①「恋愛のほんとう」、②「正義のほんとう」のあとに、③「成功のほんとう」（「サクセスゲーム」）というもう一つの範型を挿入し、そして最後に④「事そのもの」をおく形にしてへーゲルの議論を紹介したいと思う。その理由は後に明らかになると思う。

「恋愛のほんとう」

だから快楽《けらく》を享受しつつある自己意識にとって自分の本質として対象となるものが何であるかと言えば、かのもろもろの空虚な本質態即ち純粋な統一と純粋な区別と両者の関係との展開であって、個体性が自分の本質として経験するところの対象はこれ以上なんらの内容をもっていないが、この対象こそ必然性と呼ばれるところのものである。（金子武蔵訳『精神の現象学 上』「快楽《けらく》と必然性《さだめ》」三六六頁）

「恋愛」とは、「空虚な本質態即ち純粋な統一と区別と両者の関係の展開」である、つまり、絶対の一体化だという幻想的な情熱と、男女は結局別々の人間だという自覚との行ったり来たりであり、結局のところ、「愛こそすべて」という「幻想」は過酷な現実の前に挫折することになる、と言われている。

ひとことコメントすると、「恋愛のほんとう」が近代人にとって、信仰に代わる大きな超越的情熱となったこと、生の絶対的な「ほんとう」（真実）の観念となったことは、近代小説の傑作のほとんどが、「情熱恋愛」（スタンダール）を内実とする恋愛小説であることを見ればすぐに理解できる（『クレーヴの奥方』『若きウェルテルの悩み』『アドルフ』『赤と黒』『嵐が丘』など）。そもそも、「恋愛」「革命」「芸術＝美」そして学問的な「真理」、これらの観念は、近代人にとって新しく登場した絶対的な「ほんとう」（超越的欲望＝これをつかめば生の意味が完全に充実されるという独自の欲望）の観念であった。

「恋愛のほんとう」が「自己意識の自由」に対してもつ優位は、それが自己関係ではなく「相互関係」をもち、しかもある場合には、これをつかめば他の一切を失ってもよいという生の絶対感情をもたらすほどの「ほんとう」として現われる点にある。しかし、一般的には「恋愛のほんとう」は、ヘーゲルの言うとおり、たいていは〝挫折〟する運命をもつ。多くの人々は、はじめに強い「恋愛」の情熱につかまれると、そこにこそ自分の生の「完全な幸福」（スタンダール）、あるいは絶対的な「ほんとう」があると考える。しかしこの「超越性」の情念が長続きすることは滅多にない。二人が恋愛の道行きの途上で見るのは厳しい「現実」（必然性）であり、ここには絶対的な「ほんとう」が存在しなかったことを知る。そこでつぎに現われる範型が、「正義のほんとう」である。

「正義のほんとう」

ヘーゲルの「心胸の法則」と「徳の騎士」は二つとも「正義のほんとう」の範型だが、その区別はなかなか難しい。あえて言えば、「心胸の法則」の特徴は、人間の「内的真実」と「醜い現実」との対立、つまり青年的なロマンとリアルの対立である。これに対して、「徳の騎士」では、内的ロマンとリアルの対立を超えて理想が道徳化され、自分だけではなく人々にも社会的な「正しさ」を要求する範型である。

さて、「恋愛のほんとう」は、ロマン性としては強度をもつが、二者間の承認関係でしかないので、社会的な普遍性の広がりを欠く。これに対して「心胸の法則」は、「社会的な正義の実現」へ向かう情熱であり、より広範な普遍性を直観させる。それは、自分の「内面の真実」、つまり内面の「ほんとう」の実現を妨げているのは現実社会である、という感度から出発する。そこで人はこの内的な正しさあるいは「心の義」に身をおいて、現実社会を打倒すべきものと考え、その変革に向かう。これが第一段階。

しかし、変革を実際に行なってみると簡単にはいかない。たとえば仲間と理想の「コンミューン」を作ってみたり、あるいは実際に「革命」を行なってみると、そこに大きな困難が現われる。ここで典型的に示されるのは、「美しい理想」に燃える革命的情熱がその現実に直面して出会う困難だが、たとえば、ピューリタン革命やフランス革命におけるような事情が暗に示唆されている。

クロムウェルやロベスピエールといった指導者が理想の実現の途上で体験するのは、この世には、多くの人間がさまざまな欲望や理想をもって互いにせめぎあっており、一つの「美しい社会理想」を実力で実現しようとすると、必ず他の欲望や理想とのあいだの普遍闘争に陥るほかはない、という現実である。多くの社会革命が、血なまぐさい抗争や裏切りや粛清へといたるのは、近代社会では「多様な善」がせめぎあうために、「一つの理想」を実現しようとすると、必ず理論だけでなく、実力の衝突を引きおこすからである。

ただし「心胸の法則」を、必ずしも政治革命論ととる必要はない。ここでのポイントは、青年の純粋な理想主義＝ロマン主義がたどる必然的な運命という点にある。つまり「ロマン」と「リアル」とのあいだには本質的な対立があって、それははじめは「現実」のゆがみに原因があると青年には見えるが、じつは「内的ロマン」のほうにも本質的な問題がある。なぜなら青年のロマンは、しばしば自己を過剰に普遍化し絶対化するからである。「心胸の法則」はまだ「承認の契機」を十分に繰り入れておらず、そのために困難が現われるのだ。

「正義のほんとう」のもう一つの類型は「徳の騎士」である。議論の詳細は省いて、ヘーゲルがここにおいている、「世路」（世間の言い分）と「徳の騎士」（道徳的理想家）の対立、という場面がたいへん興味深いので紹介しよう（「徳と世路の対立」）。

道徳的理想家は、「善＝正義」を求めて生きることが人間の本質だと考えるので、総じて、世の人々のふつうの生き方（世路）を、堕落したものと見て憤る。だから、道徳的人間は「世路」と価値的な対立関係（主張の応酬）に立つ。しかし、ヘーゲルによれば、道徳的理想家は、この「世路」との議論のうちで、うすうす自分より「世路」のほうに分があることに気づいてゆく。

「世路」はこう主張する。君はふつうの人々が「幸福」を求める欲望を悪（エゴイズム）として非難し、「徳」こそ善だと言う。しかしもともと君は、「人々の幸福」の実現こそ「善」だとしてそれを求めていたのではないのか。君は、すべての人が「幸福」となる理想に絶望し、その反動から、こんどは、理想が実現しないのは人々の「幸福」への欲望のせいだと言っている。また君はいまや個人の「幸福」を否定し、「正義」と「善」の絶対性を主張するが、じつは君も人間である以上は、自分の一切を「正しさ」という理想に捧《ささ》げて、自分の幸福をすべて投げ捨てるなどということはできないはずだ。純粋な信仰の絶対性を生きることが人間に不可能であるように、ほんとうは絶対的な「善」への欲望自体、君の「自己価値」の欲望から来ている。これが「世路」の強力な言い分である。

ところで、中野重治《なかのしげはる》の小説『村の家』に、左翼の運動に参加して捕まったあと、獄中で転向して村に戻ってきた物書きの主人公（勉次）と、その父親（孫蔵）との、次のような象徴的な会話がある。

年老いた父親はこういう。自分は運動をして捕まったと聞いたときから、もうお前は死んで戻ってくるものと覚悟してきた。しかしお前は転向して五体満足で戻ってきて、しかも転向の言い訳のようなものを書いていきたいと言う。自分から見るとそれは矛盾だ。これまでお前が言ってきたことやってきたことを生かしたければ、余計なことを一切書かないで、まず筆を捨ててしまうのがいちばんいい。これまでのことはみな捨てて、百姓でもして人を養うのがいい。その中で書きたいものが出てくればそれを書けばいい。自分はそれが人間のまっとうな生き方だと思う、と。主人公は、これに明確な反論をおくことができず、ただ、「よくわかりますが、やはり書いて行きたいと思います」と答えるのだが、自分の中に「静かな愛想づかし」が流れるのを感じる。この小説のとても優れた箇所だ。

父親の「世路」はこう言っている。息子がもしほんとうに「正しさ」の立場に立って世間の人々の生き方を批判するなら、それをどこまでも貫き通したときにだけ人間として筋が通る。しかし転向して村に戻り、その経緯を小説に書いて生きることのうちには、暗々裏の「自己動機」が姿を現わしている。だから、転向してなお生き続けたいと思うなら、自分の思想の「正しさ」に立つという〝見せかけ〟をはっきり捨て、世間の人々が辛苦しつつ生きるその生活を認め、それを受けいれる覚悟をもつことで、はじめて人として筋が通る……。

　ここで「世路」は「徳の騎士」の矛盾の核心をついている。父親の世路は、息子の純粋さを認めつつ、しかしそのうちに、「正しい」人間でありたいという自己動機の存在を指摘し、そのことでその純粋さの真を問うているからだ。

　さて、「心胸の法則」「徳の騎士」は、近代の「倫理精神」の典型的類型である。つまりそれは社会についての明確な「理想」をもち、この理想を人間の「ほんとう」として強く求める。しかしヘーゲルによれば、この「倫理精神」の決定的な弱点は、それが「自己理想」に固執しており、近代社会では理想が多様性をもつこと、したがって他の理想との承認関係を繰り込むべきことを自覚できない点にある。

だが真摯《しんし》な「道徳性」は、なんらかの経験からこの自己矛盾に気づき、そして、「善」の普遍的な承認ゲームとしての「事そのもの」の場面へと進み出ることになる。

「成功のほんとう」

先に述べたように、「事そのもの」の場面に入る前に、わたしは、あえて、近代精神のもう一つの「ほんとう」の類型として、「成功のほんとう」をつけ加えてみたい。

「恋愛」「革命＝正義」「美」そして「真理」（認識）は、近代人にとっての「自我理想」（ほんとう）のはじめのアイテムとなった。近代人の生への「欲望」が「自己価値」に定位して、なんらかの「自我理想」の対象（「ほんとう」）を求めるのは、きわめて一般的な事態である。しかし、「ほんとう」への情熱が持続するには一定の条件がいる。「内的ロマン」の持続（自恃の念、プライド）、才能、理想実現の可能性が存在すること、などである。だが、この条件は個人の内的状態だけではなく、社会と時代の状況にも強く規定されている。

一般に、社会の先行きに新しい可能性があると感じられるとき、人間の「ほんとう」への情熱は強くなるが、逆に、社会に停滞感や閉塞感《へいそく》が蔓延《まんえん》すると、「ほんとう」の観念は衰弱する。一八世紀は人間にそのような新しい「ほんとう」の可能性を開いた時代だったが、われわれの時代はむしろ、先行きの見えない閉塞の時代である。現代は、「ほんとう」への情熱よりも「ラモーの甥的《おい》」な感受性、つまりシニックとイロニーがにじみ出す、まさしく大きな「物語」の終焉《しゅうえん》の時代なのである。

だが、このことは、近代人の「欲望」の本質についてのヘーゲルの洞察の価値を損ねるものではない。むしろそれは、自己と社会の関係についての開かれた可能性が、人間の「生への意志」が強く持続するための根本の条件であることをよく教えている。「成功のほんとう」は、そのような意味で、大きな「物語」が終焉した時代における人々の生の欲望の一般的な目標をよく象徴するものだ。

たとえば、『赤と黒』のジュリアン・ソレルや『未成年』のドルゴルーキーは、「成功のほんとう」の情熱が分かりやすい典型例である。この世で成功すること、名を挙げること、ビッグになること、それがなければ生きている甲斐がないという情熱につかまれること（ちょうど激しい恋愛で、「あの人」をつかめなければ生きているかいがない、という直観が生じるように）。ソレルやドルゴルーキーだけでなく、たとえば『罪と罰』のラスコーリニコフの物語も、社会の底辺で「人間」らしく生きられない圧倒的多数の「貧民」の群れから抜け出して、自分だけはなんとしても「自由」になりたい、というきわめて時代的な人間的欲望の物語だった。

ところで、「恋愛のほんとう」「正義のほんとう」と、「成功のほんとう」との関係は微妙である。一般的には、「恋愛」は超越性の度合いは高いが、普遍性としては「正義」に一歩を譲る。恋愛の承認は二者間（対的）だが、「正義」の承認はより社会的だからだ。これに対して、「成功のほんとう」は多くの他者の承認という点では申し分がない。「成功」はいわば近代人の「幸福」の一般表象であり、うらやむべきものとしてつねに「他者」の承認の的となるからだ。

しかし、にもかかわらず、「成功」は、「ほんとう」の情熱としては「恋愛」や「正義」の次に現われる範型である。というのも、「恋愛」と「正義」が本質的に「真善美」の「ほんとう」を含んでいるのに対して、「成功のほんとう」は世俗的な「サクセスゲーム」の勝利者という意味が強い。それは人間に現実的な「幸福」と「自由」をもたらすという点で、人々の欲望を強く引きつけるが、本来の「ほんとう」からすれば、ひとつの亜種なのだ。

まさしくこの理由で「成功のほんとう」は、しばしば、「愛」や「正義」のほんとうとは対立的な価値として現われる。ソクラテスやプラトンが「真善美」という新しい哲学のテーマをおいたのは、ペルシャ戦争の勝利の後、アテネにもたらされた経済的繁栄が、ギリシャ世界にいわば「サクセスゲーム」の要素を大きくもち込み、その古典的な「人倫の世界」を攪乱《かくらん》したからである。このような場面では、日常生活上の伝統的モラルが、「競争ゲーム」がもち込む経済的能力の価値によって圧迫される。ソクラテス的「魂」、プラトン的「徳」が、人間の価値の本来性として、「世俗的な成功」の価値に対置させられるのはそのためだ。

しかし一方で、「成功のほんとう」は人間のエロス的享受の欲望を排除しない。「内的ロマン＝理想」を実現しようとする愛や正義のほんとうは「才子佳人」の特権的ゲームとなる傾向が強いが、こちらは万人を公平に扱うという点で開かれた「欲望ゲーム」だと言える。しかし、なにより重要なのは、「サクセスゲーム」は、人間の欲望が「他者の欲望」であるという本質をもっとも象徴的に表現している点だ。

人間の欲望は、「自己価値」の確証を基礎としており、そのため「他者が欲望するものを欲望する」という社会的欲望の形をとる。おおぜいの人々が価値と考え、賞賛し欲望するもの、これがどんな社会においても人間の社会的欲望の一般基準（スタンダード）である。つまり、「サクセスゲーム」における「成功」（承認）は、ちょうど貨幣がどんな商品（使用価値）とも交換可能であることによって、価値として至上の「一般性」を獲得するように、〝誰にも受け入れられ、誰もが欲するもの〟の一般価値となる。

だが、「恋愛」や「正義」の承認ゲームが、他者の関係的承認を必要とするのに対して、「サクセスゲーム」は、近代社会の資本主義的な競争ゲームであり、一定のルールの中で

〝勝ち〟を競う純粋な「成功と不成功」のゲームとなる。ちょうど「ギャンブル」が、生活時間のプロセスをスキップしてその結果だけを手にするバイパスゲームであるように、「サクセスゲーム」も、人間的価値の関係的承認をスキップして、競技の結果だけで「承認」のアイテムを手に入れる。

ここでは、人間的価値が、ゲームの結果を決めるのではなく、ゲームの成功と不成功という結果が、人間の「価値」として承認される。そしてその価値はまた、ゲームの〝報酬〟の価値と直接つながっている。つまり、「成功のほんとう」における承認の実質は、人間的な価値への賞賛であるより、しばしば、獲得された報酬への「驚嘆」「羨望《せんぼう》」「嫉《しっ》視《し》」の感情である。だから、「サクセスゲーム」はしばしば手段を選ばず、人間の関係的価値の承認を必要としないゼロサムゲームの様相を呈する。

さてしかし、ヘーゲルにならって言えば、「成功のほんとう」もまた多くの場合「挫折」する運命にある。第一に、「サクセスゲーム」の中で勝利者となるのは、つねにごく少数の人間である。このゲームは過酷な競争原理のうちにあるので、今日の勝利を永続的な勝利へとつないでゆくこと自体、大きな努力を必要とする。また、それは「ゼロサムゲーム」としての本質を露呈し、しばしば厳しい非人間性を要求する。勝利の原因は、ゲームの内側では、驚くべき才覚や賞賛すべき努力といったものに帰せられるが、ゲームの外側からこれを見れば、ごく少数の勝者と圧倒的多数の敗者を生み出すのがこのゲームの必然性であり、したがって優れた才能や努力という現象自体がこの必然性の〝事後的〟結果であって、その逆ではない。

そこで、「サクセスゲーム」から脱落した多数者は、このゲームを統御しているものは、本質的な人間的「価値」ではなく、単にゲームのシステムが作り出す「偶然性」の戯れにすぎないというリアリティをもつ。「成功のほんとう」は、「自由」と「承認」とを真の他者の「承認」なしに勝ち取ろうとする誘惑に満ちたゲームである。ときにそれは、人間に、他者もうらやむ「自由」と「価値」を得させる。しかし、ここにあるのは、一部の「成功者」と多数の「敗者」をオートマティックに生み出す運命の神の戯れの結果にすぎず、そこで得られる「成功」と「自由」は、本質的には人間的価値の「ほんとう」ではない、と。

さて、このように「恋愛」「正義」「成功」は、近代人にとっての固有の生の目標としての「ほんとうの自分」、「自分のほんとう」という理想として現われる。キルケゴールは、信仰を喪失した近代人は生きる上での何らかの強い「イデー」を必要とすると書き、ニーチェは、人間は、何も目的がないくらいならたとえそれが「無《ニヒル》」（自己否定、禁欲主義、自己呵責《かしやく》）であってもそれを生の目的とすると述べた。「恋愛」「正義」「成功」は、まさしく近代精神が発見した新しい生の「イデー」だった。だが、ヘーゲルによれば、これらの「ほんとう」のアイテムは、本質的に、関係的な承認の契機を欠いており、そのために真の意味での人間的「自由」の実現につながらない。そこでヘーゲルは、近代人の「ほんとう」の最後の範型として、「事そのもの」の概念を提示する。

3 「事そのもの」と公共のテーブル

「事そのもの」ゲーム

「事そのもの Sache selbst」の概念は、ヘーゲルの意をくめば、「人間的営みの本質態」というニュアンスをもつ。ヘーゲルはこの概念によって、人間的自由がもっとも本質的な仕方で発現するための条件と形式を表現しようとした。言いかえれば、ここには、近代社会における自由な人間関係についての一つの「理念型」がおかれている。

しかし、従来、「事そのもの」論は、そのようなものとほとんどみなされてこなかったし、「事そのもの」論についての踏み込んだ解釈もほとんど見られない（イポリットや金子武蔵は少し触れているが、それほど重要視されてはいない。また、卓越した「自己意識」論を展開したコジェーヴにさえ独立した論がない）。むしろ一般的には、ここは、市民社会における「仕事」のゲームと、その「相互欺瞞《ぎまん》」（騙《だま》しあい）を描いた箇所とみなされている（日本の学者の手による『ヘーゲル事典』では、それが平均的な理解として示されている）。

わたしの考えでは、「事そのもの」での重要な概念である「仕事 werk」は、主として「作物」「作品」を指し、また「事そのもの」とは、第一に「ほんとうの仕事」「ほんものとしての仕事」(真の表現的作品、営み）であり、第二に、このほんものとしての「仕事」の優劣をめぐる「表現と批評のゲーム」それ自体、を意味している。こう理解すると、「事そのもの」は、近代精神の「ほんとう」を求める営みの最後の範型として、ヘーゲルの「自由」の理念をもっとも深く表現するものとなる。

そこでわたしは、ヘーゲル「事そのもの」論（正式のタイトルは、「精神的な動物の国と欺瞞、あるいは事そのもの」）の進み行きをデフォルメして、四つの項目で簡潔に示したあと、その意義について考えてみたい。「素朴な表現性」、「表現のほんとうのゲーム」、「誠実な意識と欺瞞」、そして「精神の本質の本質としての事そのもの」である。

素朴な表現性

はじめにヘーゲルは、人間の「行為」とは何か、を論じる。こんな具合だ。行為（表現行為）には、「目的」「手段」「対象」という三つの契機がある。「目的」は、その人間の内的な個性を表現し、「外化」すること。「手段」は、小説とか絵画という素材とその個人の才能。「対象」とは表現の結果、つまり「表現作品」である。表現の行為は、はじめは「素朴な表現性」、つまり表現することが自分の内的個性の現実化であるとともに、それ自身が素朴なエロスであり、また目的でもあるような行為である。ヘーゲルによれば、そこには「普遍的なものと個体性との相互浸透」がある。

恋愛や正義もまた、自己価値の獲得の試みだったが、作品を表現するという行為には、内的なものとして隠れていた自己の個体性の本質が、ある方法や努力を通して結晶化し、現実化するのを見るというエロス（喜び）が存在する。そして、この作品表現の「エロス」には、「自己意識の自由」や「自己理想」の発見とは少し違った、素朴で基本的な「自由」の感覚の発露がある、とヘーゲルは言う。

> 意識は元気よく自分から出て行くが、しかしなにか或る他のものに向うのではなく、自分自身へと向って行くのである（略）。だから行為は、（略）完全に自足し、ただ己れ自身のうちにおいて、また己れ自身と戯れているにすぎないような光景を呈するのである。
> （金子武蔵訳『精神の現象学』上、三九八頁）

少しつけ加えてみよう。近代社会では、若者は、物心ついて、音楽とか詩とかその他の〝表現作品〟に出会い、感動を受け、夢中になってそれにのめり込む、といったことが起こる。そういう場面では精神にとって重要なことが起こっている。つまり、ちょうど初恋においてそうであるように、ここで、人間の「内的なロマン」のはじめの〝結晶作用〟が生じているのだ。

たとえば何か素晴らしい「作品」に出あって感動するとき、若者はそこに、なにか普遍的な「よい」ものが作者の「個性」(その人間の美質や才能)を通して現われ出ている、という直観をもつ。前に触れたように、「芸術」(美)は、恋愛、革命と並んで近代人の「超越性」の重要なアイテムである。ここでもまた、一つの「ほんとう」が直観されており、それを人は、しばしば、これは「ほんものの音楽だ」とか「ほんとうの芸術だ」という言葉で表現する。

近代社会では、文化的な表現の営みもまた、共同的精神(主として宗教や民族)の表現であることから離れ、〝人間の個体性の本質の表現〟として、あるいはその表現のゲームとして自立する。近代社会はこうして、政治と経済と文化のそれぞれについてまったく新しいゲームを作り出すのである。

「表現のほんとう」のゲーム

だが、表現行為はいったん成し遂げられると、「作品」として個体から自立し、他者の「評価」にさらされる。表現行為が一つの「作品」となるとは、つまり、その「よしあし」(優劣)が他者たちによって評価され、そのことである「普遍性」の領域に投げ出されることを意味する。

「作品」は作り手にとっては自己の内的本質（個性）の表現であり、この点で表現行為自体がひとつのエロスである。だが、他者にとってそれは、並べられた多くの作品の中の一つにすぎず、これはよいとか面白くないといった客観的評価の対象となる。だから「表現」は、この「批評のテーブル」においては、「自分の固有な本質の表現」であることを超えて、「意図」「方法」「才能」といった諸要素の中でその優劣をはかられるひとつの「作品」となる。そしてたいていの場合、「作品」は厳しい批評にさらされ、表現した者にとってむしろ自己価値喪失の契機となるかもしれない。それが「表現＝作品」の世界の論理である。ヘーゲルはこう書く。

したがって仕事とはおよそ他のもろもろの能力や関心の反撃によって解消せられるところの過ぎ行く或るものであり、仕事が個体性の実在性を表現しているにしても、表現しているのは、完遂され実現せられたものとしてというよりも、むしろ消失しつつあるものとしてのことである。（前掲書、四〇九頁）

一般の批評の前にさらされることで、「作品」は個性の本質の表現としていわば〝消失〟してしまう。それでもなお、よい「表現＝作品」を作り出したいという欲望は、多くの若者にとって、「ほんもの」への希求の情熱の源泉となる。それは必ずしも芸術的な領域だけにかぎらない。若者がたとえば「ほんとうのロック」を作りたいとか、「ほんものの料理人」になりたいとか、あるいはまた「ほんとうの教育」を作り出したいといった情熱にとらえられるとき、そこではロマン的「憧憬《しょうけい》」の本質的な構造が現われている。近代社会では、人々のこのような「ほんもの」への希求に支えられて、さまざまな「表現＝作品」（営み）のゲームが止むことなく現われ出る。

さて、「表現（作品や営み）のほんとう」（「事そのもの」）のゲームが、「恋愛」「正義」「成功」の「ほんとう」（自己理想としてのほんとう）に対してもつ優位性は次の点にある。第一に、「表現のほんとう」は、〝個人の内的本質の表現〟について誰をも排除しないフェアな承認ゲームを作りなすこと。第二に、それが必ず批評のゲームを含むことで、「承認の普遍性」がより開かれた構造として存在する点である。

逆に言えばこうなる。たとえば「正義のほんとう」の弱点は、個人が自分の「理想」に固執し、自らの理想を開かれた承認ゲームに委《ゆだ》ねようとしない、という点にあるにすぎない。もし人が自らの考えを、特定の理想に固執せず、人々の一般福祉に定位し、実力による闘争によることなく、「思想」の事そのもののゲームに委ねるなら、「正義のほんとう」も普遍性をうる可能性をもっている。

同様に、「サクセスゲーム」が「ほんとう」のゲームとしての普遍性を欠くのも、それが実質的な人間関係から離れて、単なる結果だけを求める成功・不成功の覇権のゲームとなるからである。「サクセスゲーム」が、社会的な貢献として評価される開かれた批評の場をもつなら、それもまた「事そのもの」となる可能性をもっている。

ともあれ、こうしてみると、「ほんとう」を求めるゲームとしての「事そのもの」の本質は、それが、社会的な「よきこと」についての相互承認的な表現のゲームとして、単なる成功・不成功のゲームから自立しているという点にあることが分かる。ヘーゲルによれば、ここに、個体性（人間の個性）と普遍性（社会的なほんとう）との「統一」があり、「かかる統一が真実の仕事であり、そうして真実の仕事が事そのものである」（前掲書、四一三頁）とされる。しかしここで興味深いのは、ヘーゲルが、この「表現の営み」のゲームにおける重大な困難の契機を詳細に描こうとしている点だ。

誠実な意識と欺瞞

まず、「偶然性」という契機。

一般に「表現＝作品」は、作者の個体性の本質が外化された（現実的な形をとった）ものと見なされるから、優れた「表現＝作品」を作り出した者は、優れた人間として評価される。それが「表現」の世界における一般的信憑《しんぴょう》である。しかしこの世界に踏み入ったものは誰でも、きわめてしばしば、優れた作品の制作者がつねに優れた人間とはかぎらず、また優れた人間性、心意、意図が必ずしも優れた作品を生み出すとはかぎらない、ということを経験する。

この経験は、人に作品と創作の行為(その人間)とのあいだの本質的な「偶然性」を意識させる。作品のよしあしを決定するのは、じつは人間の内的価値ではなく、さまざまな不定要素(天賦の才、時勢、運、その他)ではないか、という偶然性の感覚は、文化や芸術の世界といえども結局はこの世の「サクセスゲーム」の一つにすぎない、という不信を絶えず生じさせる。これをヘーゲルは、「表現＝作品」の、あるいは「事そのもの」の「消失」と呼ぶのだが、わたしはこれを、表現価値の普遍性に対する不信および懐疑、と呼んでおきたい。

文化的な表現のゲームがわれわれに与えるのは、表現を介して現われ出た人間的価値の普遍性に対する〝信〟である。ある作品に強い感銘を受けるとき、人は、この世に真に「優れたもの」、「よきもの」、つまり哲学の言葉では、「真善美」の秩序がたしかに存在しているということを、自然に受け入れている。「事そのもの」ゲームは、この人間的価値についての表現ゲームだからだ。しかしまた「事そのもの」ゲームには、評価の偶然性から生じる、「普遍性に対する不信と懐疑」がつきまとっている。これが第一の困難である。「事そのもの」ゲームにおけるもう一つの困難は、誠実な意識の「相互的な欺瞞」と呼ばれる。

「事そのもの」における「ほんとう・ほんもの」を求めようとする意識は「誠実な意識」

である。しかし、じっさいには、社会的な表現や営みが、そのまま個体性の本質と社会的な普遍性との一致・調和として現われるとはかぎらない。欺瞞はまず、「ほんもの」をめがける「誠実」なはずの意識が、じつは「自己価値」を得るためという自己動機に強く支配されている、という事態として現われる（自分は「ほんもの」を作れなかったが優れた意図はもっていた、とか、条件さえあれば自分にもたいした仕事ができたはずだ、といった意識など）。

普遍的な仕事こそ本質的であると言いながら、じつは仕事の真の動機は自己価値でしかないという矛盾。この矛盾は、それから完全に免れている人間はほとんどいないから、〝相互的な欺瞞〟という形をとる。「事そのもの」ゲームの本質は「個体性と普遍性の相互浸透」にある。しかし、個々人にとって二つの契機は別々に存在しうるから、ちょうど恋愛におけるプラトニズムとエロティシズムの二契機のように、だれもがこの二つの契機を自分と他人に向かって使い分けることができるのだ。そこで、自己動機でしかないものを普遍的（社会的）であると主張したり、相手のなしたことの普遍性の側面を「個人的な動機」でしかないと批判したりできるわけだ。

ヘーゲルは、この「事そのもの」ゲームにおける相互欺瞞の困難を、「個別性」と「普遍性」のあいだの矛盾として総括している（ヘーゲルではしばしば、「個別―普遍」問題といわれる）。しかしわたしの考えをつけ加えると、この矛盾は、自己動機と普遍性への追求とをうまく統合できない「自己意識」の問題である以上に、社会構造の問題であるといえる。

社会が「サクセスゲーム」の論理に強く支配されているほど、作品（営み）の価値についての正当な批評は後退し、それがどれほど〝売れるか〟という一般的評価基準が前面に現われる。近代社会は、文化的な事そのものゲームを生み出し、そこで個々人の個性の表現という形を通して社会的な諸価値（よい、美しい、ほんとう）を育てるのだが、しかし同時にそれは、資本主義的な「サクセスゲーム」によってその経済的な土台を支えられており、しばしばその論理に浸食されるからである。

「個別性」と「普遍性」、個人的なものと社会的なものとの分裂は、現代社会では、表現の普遍性を本質とする「事そのもの」ゲームが、結局世上の一般価値の競い合いとしての「サクセスゲーム」に浸食吸収され、このことで、人々の「ほんとう」の普遍性への信憑が揺らぎ、脅かされる、という局面で深刻なものとなる。メジャーなカルチャーに対抗して現われるサブカルチャーやカウンターカルチャーは、「ほんとう」のゲームの危機意識という性格をもっているのだ。

とはいえ、「事そのもの」ゲームと資本主義的な「サクセスゲーム」とが完全に対立的であるわけではない。というのも、「サクセスゲーム」は文化ゲーム一般を再生産する経済システムであり、この基礎の上にはじめてさまざまな文化のゲームが可能になっているという側面をもつからである。

「精神の本質の本質」としての「事そのもの」

さて、「事そのもの」とは、第一に、近代社会において人間の生の欲望にとっての新しい「ほんとう」、つまり「表現行為」としての「ほんもの」「ほんとうのもの」を意味していた。それは、「恋愛」「正義」「成功」といったいわば承認を欠いた形式を超えて、開かれた普遍的承認ゲームとなる可能性をもつ。そのことで、このゲームにおいて「ほんとう」をつかむことは大きな「自由」の獲得を予感させるものとなる。「事そのもの」ゲームは第二に、作品や営みとしての「ほんもの」性を意味するだけでなく、近代社会においてはじめて可能となるこの「文化表現の普遍承認ゲーム」それ自体をも意味する。

このような「事そのもの」の概念の基本像をおいたあと、ヘーゲルはむしろ、「事そのもの」ゲームにつきまとう大きな困難を詳しく描いていた。まず、「事そのもの」の評価の「偶然性」ということ。つぎに、「ほんとう」についての「個別性」と「普遍性」の対立、つまり個人的動機と社会的動機がつねに相克しあい、その調和が現われがたいこと。この二つの困難が、「ほんとうのもの」「普遍的なもの」についての人々の懐疑と不信をたえず拡大してゆくこと。

だがこのように進んだあと、ヘーゲルは、ほとんど唐突に、しかし自己意識はこういった困難を経験することを通して、「事そのものの本性がなんであるか」を認識するにいたる、という締めくくりをおく。

かえって意識の経験するのは、事そのものが本質的な実在であり、そうしてこの実在の存在は個別的な個体の、またすべての個体の行為することであり、またこの本質的な実在の行為することも直ちに他の人々に対するものであり、言いかえると、事であり、しかも事であるのは、ただすべての人々の、またおのおのの人の行為することとしてであるということ、〔要するに〕事そのものがすべての人々の実在であり《全ての本質の本質であり》精神的な本質であり実在であるということである。（金子武蔵訳『精神の現象学』上、四二三頁。ただし《　》内の部分は内容上、牧野紀之訳をとった）

「事そのもの」こそは、真に現実的となった自由の本質のありよう（本質的な実在）である。また、「事そのもの」がそのような「自由の本質」として現われ出るのは、そこですべての人が「表現＝営み」を行ないあい、そのことで人間の個性と個性が実質的な関係を作るからである。事そのものゲームこそ、各人の「精神の本質」が発現する本来の場所であり、あるいはむしろ、このような事そのものゲームのありようそれ自身が、「精神の本質」それ自体（「全ての本質の本質」）にほかならない。そうヘーゲルは言っている。

さて、先にわたしは、ヘーゲルの「事そのもの」論は、近代の人間的「自由」の本質的な発現条件についての論だと言った。しかしヘーゲルの議論自体は必ずしもそれを十分に納得させるものとはいえず、この結論部もかなり唐突に感じられる。おそらく、その中心的な理由は、ヘーゲルはここで、たしかに、人間の「自由の条件」の本質的なアポリア（困難）を描いてはいるが、それを社会制度自体がはらむ困難というより、あたかも自己意識の内面的困難のように描いている点にある。

だから、たとえばマルクスならば、このヘーゲルの近代社会論に対してつぎのような反《はん》駁《ばく》をおくだろう。ヘーゲルは、近代社会を、個々人が自己の「自由」を、他者のそれと相克しない形で発現しうる開かれた承認ゲームとして描いた。だがそれは一つの「理念」にすぎない。近代社会は〝現実には〟、そのような社会ではなく、この「理念」と「現実」の格差は埋められていない。ヘーゲルが描いたのは「自己価値」に固執する〝自己意識の困難〟にすぎないが、なにより問題なのは、理念としての「事そのもの」ゲームが格差や支配へと帰着する社会の構造それ自体なのである、と。

わたしは、このような批判に理があることを認める。たしかにここでは、近代社会が開かれた普遍承認ゲームとして機能するための基礎的条件が明示されていない。しかし、にもかかわらずわたしは、このヘーゲルの議論は、「近代社会」における「自由」の可能性の本質論として、いまも完全に有効であり、擁護すべき理由があると思う。いまそのことを、マルクスとは別の観点から近代批判を試みたハンナ・アレントの近代論を、一つの補助線として引いて考えてみたい。

4 アレントの近代批判

アレントが示した「自由」の条件

アレントの主著『人間の条件』の中心テーマは、近代批判である。近代では、社会の全体が「オイコス的空間」、つまり経済の論理に浸食され、そのことで社会から真の「公共的」空間が消失し、「自由の条件」が失われる。これがアレントの近代批判の核となる主張だ。この批判の前提としてアレントは、古代ギリシャのポリス社会を範型としながら、人間生活の三つの基礎条件として、「労働」「仕事」「活動」という概念を提出している。ごく簡単に説明しよう。

まず「労働」は、人間の生存維持のための基礎的必要。ギリシャでは、主婦と奴隷が受け持つ「オイコス」、家庭内での経済活動がこれを象徴する。

つぎに「仕事」。日々の生存のために最低限必要な労働ではなく、人間的生活の諸手段を持続的な安定性をもったものとして作り出すための努力、工夫としての労働が「仕事」

と呼ばれる。

そして「活動」は、もっとも人間的な生の条件を意味する。ギリシャのポリスにおける市民は、労働と仕事（製作）を奴隷や主婦などに任せ、自分たちはもっぱら政治活動にたずさわった。そしてそこには「自由な言論」の場があった、とアレントは言う。つまり、「必要労働」から切り離されるときにはじめて人間は「自由な活動」の条件をうる。またそういう場所ではじめて「公共性」の空間が成立する。ここで、よく知られた「公共性のテーブル」の比喩《ひゆ》が出てくる。

人々の集まりの真ん中に一つの大きなテーブルがおかれると、それは人々を別々の個人に分けるが、また人々を、そのテーブルを介して「公共性」の場に参加させる。ここで「公共的」な言論の「活動」がはじまる。ギリシャのポリスにおいては、「労働」と「仕事」から解放された自由な市民が、「活動」において、つまり公的な政治についての言論の活動において、自己の自由の本質を本来的な仕方で解放する。これがアレントにおける人間の「自由」の基本イメージである。

さて、ここからアレントは「近代」の意味を批判的に考察する。近代とは、いわば「労働」が人間生活のすべての領域を覆い尽くし、「公共性」、つまり人間的な本質としての「活動」の領域が「オイコス的なもの」（エコノミー＝経済活動）に浸食された時代である。このために、マルクスのいう「自己疎外」以上の、「世界疎外」という現象が生じる。

しかも、「公的領域」の喪失は、真の意味での「私的領域」の喪失をも意味する。普遍交換、自由市場、そして一切のものの数学化・科学化・合理化、その結果として認識への懐疑とそのニヒリズムへの転化が現われる。ここに近代社会の論理とその必然的道すじがある（これはニーチェの「ヨーロッパのニヒリズム」以上に、ハイデガーの『世界像の時代』の図式に近い）。

ところで、近代の経済活動の普遍化が人間の「自由」の本質的条件と領域を奪ったというアレントの近代批判は、表向き、近代社会こそ、歴史上はじめて大多数の人間の生を労働への隷属から解放する可能性をもたらした、というヘーゲル的観点とは正反対になっている。一般的に言って、アレントの近代批判は、近代が人間から人間的なものを奪ったという、二〇世紀ヨーロッパの知識人に特有の〝近代観〟の系列のうちにある（ハイデガー、アドルノ、オルテガ、フーコー等々）。しかし、にもかかわらず、アレントが『人間の条件』で示している「人間的自由」の本質的な条件は、わたしの見るかぎり、ヘーゲルの「自由」の哲学と深い場所でその本質を共有している。たとえば、つぎのような言葉を見よう。

多種多様な人びとがいるという人間の多数性は、活動と言論がともに成り立つ基本的条件であるが、平等と差異という二重の性格をもっている。もし人間が互いに等しいものでなければ、お互い同士を理解できず、自分たちよりも以前にこの世界に生まれた人たちを理解できない。そのうえ未来のために計画したり、自分たちよりも後にやってくるはずの人たちの欲求を予見したりすることもできないだろう。しかし他方、もし各人が、現在、過去、未来の人びとと互いに異なっていなければ、自分たちを理解させようとして言論を用いたり、活動したりする必要はないだろう。（志水速雄訳『人間の条件』二八六頁）

もし人間の欲望が「同一的」なら、この欲望の同一性は生の目的の同一性に直結し、個々の人間が多様な関係をもつ「社会」というものは現われない。そこでの社会は、ミツバチの集団のように、すべての人間が単一の目的をもち、同じ労働と同じ行為の積み重ねを行なうような社会（＝共同体）となり、そこでは人間の「自由」というものの条件が現われない（アレントは全体主義社会を思い描いていただろう）。そうアレントは言っている。*21

＊21　期せずして、コジェーヴがほとんど同じことをヘーゲル解釈として言っている。「人間的欲望は他者の欲望に向かわねばならない。したがって、何ほどか人間的欲望が存在するためには、まずもって数多の欲望が存在していなければならない」。あるいは、「社会は欲望として相互に他を欲し合う欲望の全体となって初めて人間的となる。」（上妻精他訳『ヘーゲル読解入門』

一四頁）

しかし、すぐに気づくように、概して古代社会では、同一的な目的をもち、同一的な労働と仕事の営みを反復する共同体的生活こそが一般的で、ギリシャのポリスの一部に見られるような個的な市民の連合体としての国家は例外的だった。ヘーゲルは、このことに自覚的であり、ギリシャでは古典的人倫の美しい一体性が存在するが、しかしそこに近代的な意味での自立した「個人」は存在しないと述べている。つまりヘーゲルは、「欲望の多数性」が展開する近代社会を、ギリシャ的な「人倫」の原理と、より高次の個人の「自由」とが調和するような社会の可能性として思い描いたのである。

また、ポリスにおける「活動」の公共的空間が、奴隷労働が作り出す経済的基礎によってはじめて可能だったことを考えると、アレントの主張に反して、持続的な生産増大のシステムをもつ「近代社会」以外には、「自由」が万人に解放される条件は存在しないことが分かる。だが、さしあたりアレントの考えをもう少し聞こう。

「公共のテーブル」と「事そのもの」

アレントはこう言う。ポリスは、もっとも饒舌《じょうぜつ》な政治体と呼ばれたが、それには理由がある。「政治的」であるとは「ポリス」で生活するということであり、それはまた「すべてが力と暴力によらず、言葉と説得によって決定される」ということを意味した。ギリシャ人は、暴力によって強制し、決着をつけることは、「ポリスの外部の生活に固有のもの」だと考えていた、と（『人間の条件』四七頁）。

おそらくここには、近代政治の「活動」がたどった悲惨な結果（全体主義の暴力的制圧）に対するアレントの思いが込められている。「政治」の本来性は、自由な言論の「活動」によってはじめて可能となる。そして自由な言論は、社会から厳密に「暴力」を排除することで確保される「公共のテーブル」においてはじめて可能となる。

世界の中に共生するというのは、本質的には、ちょうど、テーブルがその周りに坐っている人びとの真中《ビトウイーン》に位置しているように、事物の世界がそれを共有している人びとの真《ビトウ》中《イーン》にあるということを意味する。つまり、世界は、すべての介在者《イン・ガトウイーン》と同じように、人びとを結びつけると同時に人びとを分離させている。（志水速雄訳『人間の条件』七八—七九頁）

ここでとくに重要なのは、「公共のテーブル」が、共生のために人々を結びつけるだけでなく、同時に人々をその多様な生活へと分離する、という点だ。ここで含意されているのは、欲望と価値が多様かつ多数性をもつこと、その多様な欲望と価値をもった人々が、互いに許容しあい調停しあおうとする中で、はじめて人間は、共同体的な生の原理とは異なった生の本質を、すなわち「自由」という人間の生活の本質を見出すということだ。だが、おそらくこの「自由の条件」は、アレントの言うように、近代になって奪われたもの、とはいいがたい。人間の欲望と価値の多様性と多数性自体が社会大に広がるためには、またその多様な〝差異〟を承認しあう関係が、「人間のメンバーシップ」の感度として展開するには、普遍交換と普遍消費を土台とする近代社会の展開を必須とするからである。

われわれが確認してきた「近代社会」の意味からは、ギリシャのポリスの「公共のテーブル」に人間的自由の可能性を見、近代にその失墜を見るアレントの見解は転倒しているように感じられる。しかし、重要なのは、ヘーゲルの文化ゲームとしての「事そのもの」と、アレントの自由な活動の空間としての「公共のテーブル」の概念が、むしろ「自由」の本質条件として深く一致しているという点である。

まず、それらはともに、一定の条件に支えられて可能となる人間間の開かれた「自由のゲーム」を意味する。さらに重要なのは、どちらも、この「自由のゲーム」において、どこかに隠れていた「自由」の本質が「活動」や「表現」の営みの中で〝現われ出る〟というのではなく、むしろ、このゲームの関係の中で、人間的「自由」の本質がはじめて創り出される（「創始」される）、という自覚が存在している点である。

> 人間の差異性《ディスティンクトネス》は他者性《アザネス》と同じものではない。他者性とは、存在する一切のものがもっている他性《アルテリタス》という奇妙な質のことである。(略)
> 言論と活動は、このユニークな差異性を明らかにする。そして、人間は、言論と活動を通じて、単に互いに「異なるもの」という次元を超えて抜きん出ようとする。つまり言論と活動は、人間が、物理的な対象としてではなく、人間として、相互に現われる様式である。この現われは、単なる肉体的存在と違い、人間が言論と活動によって示す創始《イニシアティヴ》にかかっている。しかも、人間である以上止めることができないのが、この創始であり、人間を人間たらしめるのもこの創始である。(前掲書、二八六—二八七頁)

ここでのポイントは、自由な言論の「活動」において、人間は、単なる「他者性《アザネス》」を超えて、互いに「差異性《ディスティンクトネス》」を承認しあった「他者」として、つまり個的な差異の本質において関係するという点にある。そしてこのような関係の中ではじめて、人間的自由の本質が「創始」される、ということだ。

社会が一つの大きな目的をもち、そのことで人間の欲望と価値が均一化され、生の目標と意味が単一化するなら、人間の「自由」の本質はかぎりなく希薄になり、それは、単なる役割承認と個別的な欲望充足の可能性という場面にまで縮小されるだろう。これに対して、多様な欲望と価値が存在し、したがって相互の調整と承認の努力があり、その努力が新しい人間的価値を作り、またそれが自由な文化と言論のゲームとして成立する場面において、はじめて人間的自由の新しい本質が展開するのだ。

こう見ると、すでに引いたヘーゲルの言い方の趣意はよく伝わる。「事であるのは、ただすべての人々の、またおのおのの人の行為することとしてであるということ、(略)事そのものがすべての人々の実在であり《全ての本質の本質であり》精神的な本質であり実在であるということである」。「事」とは、つまり、人々の関係しあう行為のうちに生み出される「自由」の本質それ自体を指している。またそのような関係のありよう(「事そのもの」のゲーム)の中で、人間の自由の本質の現実性が創り出されるのだ。

ヘーゲルは「近代」を擁護し、アレントは「近代」を批判する。しかし、わたしの考えでは、むしろヘーゲルの「事そのもの」とアレントの「公共のテーブル」の概念は、ともに、近代社会がはらむ「自由の条件」の危機へのもっとも本質的な異議申し立てを意味しているのである。

「自由」と普遍性

「事そのもの」ゲームの構造を象徴的に表現するのは「芸術表現」である。このテーブルには、たとえば小説、音楽、美術などの作品がおかれる。個々のジャンルは一定のゆるやかなルールをもち、作品はこの慣習的ルールに則《のっと》って競われる。芸術表現にとってもっとも本質的なのは、創造する「天才」ではなくむしろ「批評」（批評家ではなく）の存在である。一般的には、天才の創造力が美の模範を、つまり美の秩序の基準《スタンダード》を作り出すと考えられるが、しかしじつは、不特定の人々の美的感受性による批評こそが、天才とそうでないものの秩序を作り出すのである。この構造は本質的なものだ。

たとえば音楽の「美」とは何であるか。それは、ちょうどルソーが「一般意志」を、多くの人々の特殊利害のプラスとマイナスの差し引き結果（sum）だ、と言ったのと似た構造にある。つまりそれは、人々の多様な美的感受性をいわば合成したもの（sum）である。もし人々の生の目的、労働や生活の形式、聖、善、悪などの価値が「同一的」なら、そこからは美についての「全体意志」あるいは美の共同性（美の「真理」）だけが現われて、美についての「一般意志」つまり美の普遍性の意識は現われない。生活や欲望や価値の多様性が存在して関係しあう場面でしか人間の「自由」の本質が現われ出ないように、多様な美的な価値観がより優れた美のあり方を競う自由ゲームのテーブルの上でしか、「美の普遍性」というものは存在しえないのだ。

ちょうど哲学のテーブルがそうだったように、美的表現は、それぞれのジャンルの公共的テーブルの上におかれ、その優劣を競い合う。人々はそこで、どの表現がより優れているかについて批評しあうが、事前には、どんな美の基準も存在してはいない（過去の優れた作品という範例だけがある）。ただ多くの批評が美的感受性を競いながら、なぜある表現がより優れた「美」であるかの言葉を示しあうだけだ。

ヘーゲルが洞察したように、そこにはつねに評価の「偶然性」がつきまとい、美の普遍性についての不信と懐疑もまた現われる。しかしにもかかわらず、この批評のゲームが長く続くなら、人々は美の秩序の普遍性についての自然な信憑をそこで共有するようになる。そして逆に、何らかの理由でこの自然な信憑がなくなれば、その美のジャンルは消滅するのである。

だが、人々の「美的感受性」はいったい何に根拠をもつのだろうか。それは、公共のテーブルによって隔てられている人々の多様な個的生活、その中でのさまざまな人間関係上の価値をその源泉とする。芸術表現の「事そのもの」において決定的なのは、何が「ほんとう」の美であるかを求める人々の行為（＝事）自体が、美や善の普遍性を、つまり、美や善の「ほんとう」についての秩序が存在するという信憑を、絶えず育て上げるということである。

表現における美の本質は、――つねに生じる不信と同伴しながらも――そこに人間的な「よいもの」、「美しいもの」が現実化され表現されているという暗黙のそして共通の信憑にある。したがって美の普遍性への信憑は、人間的な価値の秩序についての信憑と一体のものなのだ。善や美は、「イデア」のように実在するのではなく、「ほんとう」を創り出そうとする関係のゲームの中でだけ、秩序として創出される。まさしく「自由」の本質がそうであるように。

もう一つ重要なことがある。

人びとは活動と言論において、自分がだれであるかを示し、そのユニークな人格的アイデンティティを積極的に明らかにし、こうして人間世界にその姿を現わす。（略）その人が「なに」（"what"）であるか――その人が示したり隠したりできるその人の特質、天分、能力、欠陥――の暴露とは対照的に、その人が「何者」（"who"）であるかというこの暴露は、その人が語る言葉と行なう行為の方にすべて暗示されている。（志水速雄訳『人間の条件』二九一―二九二頁）

ギリシャのポリスでは、人間的行為の本質は「作品」（業績）にではなくその「徳」（人間の行為）そのものにある、という考えがあることをアレントは強調する。「ほんもの」「すぐれたもの」を競いあう「事そのもの」ゲームでは、一方で、個人の「個人性」が表現され、もう一方で、美や善なるものの価値の普遍性が表現される。しかし、アレントによれば、もっと重要なことは、この開かれた活動のゲームの本質は、ゲームを通して、個々人がその「what」、ユニークな「差異性」を表現し、了解しあうということである。ある人間の「徳」とは、特定の「正しさ」に同一化することではなく、何が「正しく」

「ほんとう」であるかを求めるその「言葉や行為」のうちに開示される。またこの開示は、相互関係の中での人間的承認であり、同時に人間の相互的な了解を意味する。ある人間の生がどんなものであれ、その生活の中でこのような承認と了解のありようを他者とのあいだでもたなければ、人は真の意味での「他者」をもたず、他者との関係を生きることはない。つまり、人間として、「創始」されえない。

芸術や文化表現の「事そのもの」ゲームは、優れた「仕事」「作品」「天才」（業績）を生み出す。しかし、そのことに自由のゲームの本質があるのではない。もし優れた「作品」や「天才」が問題であるなら、事そのものゲームは、かぎりなく文化的な「サクセスゲーム」に近づくだろう。肝心なのは、「事そのもの」ゲームが生み出す成果ではなく、この概念が、人間が互いに了解しあう関係の本質的な範例をなしているということそれ自体である。

近代の「文化のゲーム」の本質的な意味は、そこで「作品」や「仕事」の優劣を競い合うゲームが成立するということではなく、近代社会においてはじめて、欲望や価値の差異性と複数性から、「ほんとう」を求め合う多くの「自由のゲーム」が成立可能となる、ということにほかならない。

さて、この節のまとめをおこう。

①「自由」についてのヘーゲルとアレントの考察は、人間的「自由」の本質が社会の中で発現するための根本条件を、はっきりとわれわれに教える。つまり、まず生活の多様性とそれにともなう欲望とその価値の多様性。それらが開かれた仕方で関係しあう多くの空間が確保されること。多様な欲望が社会的な活動の営みを通して自分を実現する道すじをもつこと。そして、この営みについての相互評価のゲームの可能性。

重要なのは、こうした欲望と価値と評価ゲームの多様性は、「普遍ルール社会」としての近代社会においてはじめて可能となる社会関係の範型であり、伝統的な社会関係では、ほとんど存在しえないということだ。つまり、政治的には、「自由の相互承認」の原則による暴力の市民的制御（アレントはこれを権力空間と呼んだ）によって、経済的には、普遍的交換 - 分業 - 消費の円環によって「普遍ルール社会」は可能となる。

②しかし、近代社会はそれが単なる「自由な欲望のゲーム」として放置されるなら、ヘーゲルによれば、欲望のゼロサムゲームとしての「放埒な欲求の体系」となり、アレントでは、自由な人間的活動の空間がオイコスと労働の論理によって浸食される悪しき「近代社会」となる。すなわち一元化された価値の中での欲望競争、つまり〝自由な〟「サクセスゲーム」となる傾向を強くもっている。

この市民社会の欲望ゲームの特質は、人間の欲望の多様性が普遍的に交換されることで貨幣が一般価値として登場し、その結果、一切をこの一般価値のゲームのうちに巻き込むという事態として、もっともよく表示される。貨幣があらゆる商品の価値を一元的序列として表現するように、近代社会は人間の欲望と価値の多様を作り出すとともに、それを一元的な価値のゲームへと変える。ただ、これは欲望と価値が開かれた社会の中で普遍交換されることの自然な結果であって、誰も「幻想」にたぶらかされているわけではない。しかし、この市民社会の「サクセスゲーム」の一元性は、人間的自由の関係のゲームを圧迫し、閉塞させる。

こう見てくると、ヘーゲルの「事そのもの」、アレントの自由な「公共のテーブル」の概念が、ともに、人間的自由の条件を脅かす市民社会の「サクセスゲーム」に対する、根本的な対抗概念としての本質をもつことを理解できるはずだ。アレントの「公共のテーブル」では、「政治の自由な言説」が、また、ヘーゲルの「事そのもの」では、自由な「表現＝作品」のゲームが、人間的自由の発現を可能にする象徴的範例として提示されている。言いかえれば、アレントでは思想の普遍性の、ヘーゲルでは表現の普遍性の自由な承認ゲームが、人間的自由の本質的理念として示されているのである。

③「事そのもの」ゲームと「サクセスゲーム」のあいだの根本的な差異は明瞭である。「サクセスゲーム」で競われるのは、人間の一般的欲望と価値を実現する手腕の技量である。「事そのもの」あるいは「公共のテーブル」で競われるのは、個人の内的資質を通した何か普遍的な「ほんとう」の表現と探究の努力である。

「事そのもの」ゲームの価値を、生み出された「仕事」（業績）と考えれば、それは「サクセスゲーム」としての性格をもちうる。だが、事そのものゲームの本質は、その成果（仕事）にではなく、「ほんとう」をめがける自由な承認と了解のゲームという「事」そのもののうちにある。ヘーゲルによれば、この関係（事）こそ、「あらゆる本質の本質」にほかならない。他者とともに「ほんとう」をめがけるこの自由なゲームの中で、人は自身の「自由」の欲望の意味を理解するとともに、他者の「自由」への希求をも了解する。

④このゲームは、ちょうど「哲学のテーブル」のように、多様な人々が形成する人間的価値についての〃相互了解〃のゲームであることによって、普遍性という地平を創出する。しかしまた、「宗教のテーブル」のように、共通の「ほんとう」を探しあうゲームであることを維持し、そのことによって人々の生の理由それ自体となる可能性をもつ。

このような人間的「自由」の本質はいうまでもなく、伝統的な共同体社会の関係の中では成立しえないものだ。もちろん、人間的「自由」のこういった形式が、果たして人間にとってのもっとも理想的な存在様式であるかどうかについては、誰も答えられないに違いない。しかし、この存在様式が、約一万年前に普遍闘争状態が現われて以来、はじめて現われた人間存在の新しい可能性であることは疑うことができない。

ヨーロッパの知識人は、すでに一九世紀のはじめから、近代社会の新しい矛盾に直面し、

「近代国家」や近代的「自由」の理念に対して深い疑念を提示してきた。この社会批判の基本的パラダイムはいまも続いており、現代思想においてそれは反国家、反権力、反資本主義、反近代といった対抗理念として現われている。

しかし、近代がはじめて見出した人間の「自由」の可能性を確保し、その本質力を展開する道を取ろうとするかぎり、問題は、資本主義や国家や近代的なものを廃棄したり超克したりすることにはない。価値の一元化を進行させることで、自由の本質条件を阻害する現在の資本主義を、いかに「自由の相互承認」にもとづく開かれた承認ゲームへと変容しうるかということが、問題の核心なのである。

ともあれ、ヘーゲルの「事そのもの」論を、アレントの「自由」論と重ねるとき、それは、現代社会における人間的自由の可能性についての、もっとも象徴的なテクストとして浮かび上がってくる。たとえば、『精神現象学』の最後におかれたシラーの詩は、ヘーゲルが抱いていた、価値の多様性とその自由な承認ゲームによって支えられる人間的な「自由の王国」というイメージを鮮やかに伝えている。

このさまざまな精神の国の杯《さかずき》からこそ、精神の無限性の本質は沸き立つ。（筆者訳）

興味深いのは、ヘーゲルの市民社会の構想を否定したマルクスも、じつは、人間の自由についてほとんど同じ思想的直観を共有しているということだ。つぎは、『資本論』の中で、おそらく、マルクスの「自由」観をもっともよく象徴する箇所である。

> 未開人が、彼の欲望を充たすために、彼の生活を維持しまた再生産するために、自然と闘わねばならないように、文明人も（略）そうせねばならない。文明人が発展するほど、この自然必然性の国は拡大される。諸欲望が拡大されるからである。しかし同時に、諸欲望を充たす生産諸力も拡大される。この領域における自由は、ただ次のことにのみ存しうる。すなわち、社会化された人間、結合された生産者が、この自然との彼らの物質代謝によって盲目的な力によるように支配されることをやめて、これを合理的に規制し、彼らの共同の統制のもとに置くこと、これを、最小の力支出をもって、また彼らの人間性にもっともふさわしくもっとも適当な諸条件のもとに、行なうこと、これである。しかし、これは依然としてなお必然性の国である。この国の彼方に、自己目的として行為しうる人間の力の発展が、真の自由の国が、といってもかの必然性の国をその基礎としてその上にのみ開花しうる自由の国が、始まる。労働日の短縮は根本条件である。
> （向坂逸郎訳『資本論』第三巻第四八章、一六―一七頁、傍点引用者）

ここでマルクスは完全に事態の本質をつかんでいる。

人間は、生存と欲望を満たすには労働によって自然に働きかけるほかはない。文明が発展するほど、人間の生産の能力は増大するが、欲望もまた果てしなく拡大する。資本主義の矛盾と悲惨は、この生産力と自由な欲望の拡大が〝欲望の普遍闘争〟を生み出し、人々を否応《いやおう》なく「盲目的な」「労働」の競争のうちに投げ込む点にある。だからはじめの「原理」は、これを市民的な「制御のもとに置くこと」で、生産とその配分の合理性を取り戻すことにある。しかし人間的「自由」にとってそれはまだ必要条件にすぎない。

生産と配分の合理的な制御だけが、はじめて、多くの人々の「労働日の短縮」を可能にし、人々を絶対的な必要としての「労働」から解放する。こうして人が、「労働」と「競争」、つまり一元的な価値を求める「必然性の国」から解放されるとき、はじめて人間社会は、多様な価値のさまざまな「承認ゲーム」を作り出すことができる。このことこそ、人間にとっての「真の自由の王国」が開花する十分条件なのである。

終章　希望の原理はあるか

二つの中心問題

最後に、できるだけ簡潔な締めくくりをおきたいが、二つの中心問題がある。

第一に、現代の批判思想は、長く、反国家、反権力、反資本主義、反近代の観念を軸として展開してきたが、それは、いまや無効になっており、新しい根本的な批判の視点が必要とされていること。これはこの本の中心テーマだった。

第二に、現代の資本主義に対する本質的な批判の根拠を再設定する課題とともに、現在、資本主義の持続可能性について時間的限界という問題が現われており、これを視野に入れないわけにはいかないこと。

まず第一の問題を再確認しよう。

わたしがはじめに試みたのは、近代哲学によって定位された近代国家の根本理念を、できるだけ簡明な像として示すことだった。その要諦《ようてい》はふたつ。「自由な相互承認」にもとづく人民主権のシステムによって、普遍暴力の制御と、人々の「自由」の解放を同時に確保する社会であること。このことで近代国家は価値の多元性を保証する「普遍ルール社会」となる、ということ。

つぎのポイントは、現代国家の矛盾の中心点は、「国家」や「資本主義」の欺瞞《ぎまん》性や幻想性にあるのではなく、近代国家どうしが「普遍闘争状態」を克服できなかった点にあるということだ（カントは、万国の「永久平和」の概念によってこの状態を克服するという理想をはじめて提示したが、その〝可能性の原理〟は、むしろルソーやヘーゲルの考えのうちに示されていた）。

なにより、国家どうしの闘争状態は、資本主義それ自体に覇権闘争の性格を与えた。このため近代国家は、いわば、つねに最強たろうとする「戦争機械」であると同時に、最大効率をめざす「生産機械」として存在しなければならなかった。このことが、近代国家の中心理念である「普遍ルール社会」としての国家、つまり「一般福祉」と「普遍資産」という目標の実現を決定的に阻害してきた。

このような「近代国家」の展開への反省から、反近代、反国家、反資本主義という批判思想の諸観念が現われたのは自然の成りゆきだったが、しかしここからは、普遍闘争の制御や普遍的「自由」を可能にする「原理」を確保しうる根拠はでてこない。

たしかに、非ヨーロッパ的国家や宗教的国家は、それ自身の存在理由をもって現に存在している。また、これらの国家を外部からヨーロッパ化しようとする考えは、愚かしく無意味である。しかしそれらが、近代の理念を超克しうる可能性をもつかのように考えるのははなはだしい錯誤である。

すべての国家が、ヨーロッパ的国家や世俗的国家である必要はもちろんない。しかし哲学的には、それがどのような国家であれ、大多数の人民がひとたび「自由」への欲求を自覚しそれを望むかぎり、国家の「正当性」の根拠は、それが人々の「自由」を解放してゆく方向をとるか否かに定位される。それは人間的「自由」の本質から現われる帰結であって、ヨーロッパ的原理か否かといったこととは無関係である。

ともあれ、わたしが示そうとしたのは、現代社会が進むべき道についての一つの根本仮説である。「自由」が人間的欲望の本質契機として存在するかぎり、人間社会は、長いスパンで見て、「自由の相互承認」を原則とする普遍的な「市民社会」の形成へと進んでゆくほかはない。ここに含まれる社会の理念は以下のようである。

どんな国家においても、また国家間においても、普遍暴力状態が制御され、政治と経済と文化における自由な承認ゲームの空間が確保されてゆくこと。このことによって、すべての人間が、宗教、信条、共同体的出自、言語、職業、その他の条件によって差別されず、つねに対等なプレーヤーとして承認しあうこと。

これを絵に描いたストーリーにすぎないと言う人もいるだろう。しかしわたしとしては次のように言いたい。近代社会の理念は、人類史上、普遍的な支配と隷従の構造を根本的に変革しうるはじめての「原理」として登場した。それは、はじめは万人の欲望の「自由」の解放ということに定位されていた。ヘーゲルがこれにつけ加えたのは、人間的「自由」の本質の解放の可能性という構想だった(マルクスもまた同じ理念をもとに、社会主義を構想した)。わたしが試みたのは、この基本構想を展開するとどこへゆきつくことになるかということであって、人間と社会についての一つの想像的な「理想図」を描くことではない。

つまり、われわれはいま、将来的に大きなコストと努力を注いで、世界大の人間的「自由」の実現へ向けてゆっくりと進む方向を選ぶか、それとも、そんな努力はあきらめて、現在の高度な資本主義社会がどこに進むかを批判的シニシズムによって眺めているだけか、という選択肢の前にいる。そして、前者を選ぶなら、それは「普遍ルール社会」の構想へと向かうことになるのである。しかしそれだけではない。いま示した選択肢は、現在、もっと切迫した意味をもっていると思える。

資本主義と限界問題

ちょうどこの論考を終えようとするとき、われわれのテーマに深い関連をもつと思える興味深い著作が出版された。橋爪大三郎の『「炭素会計」入門』（洋泉社新書y）である。表紙の裏に、短いキャッチがあって要点がすぐに分かるので引いてみる。

二一世紀の環境危機は、これまでの公害や環境問題とわけが違う。公害は、有害物質が排出され被害が生じる問題だから、有害物質を出さないようにすれば解決できた。だが、地球環境の危機は、地球が暖まるという問題だ。エネルギーを消費する限り、熱が発生し、炭酸ガスなど温室効果ガスのせいで、大気圏に蓄積していく。これを防ぐ唯一の方法は、炭酸ガスの排出を大幅にカット以外にはない。不平等条約である「京都議定書」の失敗を繰り言のように並べるのではなく、省エネ大国・日本だからこそできる「炭素税」「炭素会計」「炭素隔離技術」のプランを大胆に提言し、日本発の国際標準こそ日本のビジネスチャンスを広げる道であることを明らかにする。

現在、温暖化問題の重要性について、さまざまな疑義と反論が現われている。中には動機を疑わせるような「反論」もあるが、真率な学問的疑念によって温暖化問題の過剰な危機のあおりを指摘するものもある。しかし橋爪によれば、この問題は、もし一定の時がたって、現在の問題化が過剰な杞憂《きゆう》にすぎないことが分かるならそれはそれでよし、しかしそのときに大変な事態になれば悔やんでも取り返しのつかない問題である。したがって、むしろこれを人間社会の〝好機〟とみてはっきり取り組む決意を示すほうがずっと理性的であると。

わたしは、橋爪の考えに大きな妥当性があると思う。ただしその理由は、温暖化CO_2犯人説に強く同意するからではなく、かりにCO_2が主原因でない可能性が高いとしても、一般に、資源と環境問題について、いま人類社会は、橋爪の言うような方向、つまりまず先進国どうしの協調による地球規模の諸問題へのルール設定という方向を取るべきだと考えるからである。

そこで、わたしなりの観点から、もう少し橋爪の力点を整理してみよう。

①温暖化問題に象徴される地球環境の危機は、これまでとはまったく異なる新しいパラダイムで国際社会を再定義し、再編するものだ。それは、人類全体が共通の課題として直面した絶対的危機であり、これを切り抜けるために世界大の合意と団結を要求するような〝機会〟だから。

②一九、二〇世紀は現代国家間のはげしい戦争と競合の世紀だった。二一世紀は少なくとも先進国どうしの戦争の条件はほぼなくなり、むしろ地球的危機に対して人類社会全体が立ち向かうべき世紀となりうる。これは最大の危機であるが、しかし同時に人間社会にとってきわめて大きな好機でもある。しかし、なによりそのことへの明確な自覚と合意が必要であり、もしそれを創出できなければ人類に未来はない。

③たとえば炭酸ガスの縮減は、個々の国家の負担を考えれば巨大な経済的コストを要し、激しい経済競争のうちにある諸国家の現状からは、きわめて実行困難な課題に見える。しかし、これを今述べたような人類的な危機的課題と考えるならまったく新しい局面が見えてくる。力をもった先進国は、いまや、この危機をむしろ好機として、世界の経済システムを諸国家の一般意志の制御のもとにおき、炭酸ガス削減の目標を設定するとともに、この国家を超えた制御のシステムを活用して、現代の資源消費的な文明（資本主義）の体質

を持続可能な経済システムへと変革する方向へとはっきり進み出るべきである。
④重要なのは、この事態にいかに対処するか、この危機の意味をどう捉《とら》えるかというわれわれの明確な意志のありよう如何《いかん》であり、これについて明確な合意を形成することができれば、必ず危機を克服するための条件をクリアすることができる。

ここで現われている問題をわたしは見田宗介《みたむねすけ》にならって資本主義における「限界問題」と呼ぼう。現代資本主義が、資源と環境の危機をはらむという問題については、レイチェル・カーソンの『沈黙の春』以来、さまざまな議論がなされてきた。しかし、わたしの知るかぎり、現代思想の反国家、反資本主義のパラダイムからではなく、現代資本主義の功罪を確認しつつ(「現代社会の光と影」)、この問題の克服についての本質的な条件を思想的に明示したはじめての試みは、見田の『現代社会の理論』(一九九六)である(二〇〇六年にこれを引きついだ『社会学入門』が書かれた)。

見田によれば、資本主義の展開は基本的にマテリアルの大量消費と大量廃棄によってしか成立せず、したがっていつかその「臨界域」に達する。しかし資本主義は、人々の「自由」の確保の基礎でもあり、これを棄却できないことをはっきり認めるほかはない。そうである以上、われわれは、資本主義に代わるシステムではなく、現在の資本主義の大量消費―廃棄の性格を変更する「原理」を見出すべきである。

二〇世紀の経験が教えたのは、「自由」を原理とする社会でないかぎり必ず抑圧的なシステムへ転化するということであり、したがって、現代社会の困難を克服するとは、「自由」を捨て去ることではなく、「ほんとうに〈自由な社会〉の実現にとって必要な条件と課題は何か」という仕方でのみ提起されるべきものである」（『現代社会の理論』四一頁）。そう見田は言う。

　見田がここで提示したのは、資本主義の限界としての三つの問題点、「資源の臨界」、「環境の臨界」、そして「南北格差」である。いま一〇年を過ぎて振り返ると、この著作の予言的な意義が、ますます重要性をもつにいたっていることが分かる。

　橋爪が提起した「温暖化危機」の克服のプランは、資源と環境の「限界」がもはや可視的な将来の危機として迫っており、見田が提示した課題に応《こた》えるような仕方で示された一つの社会的構想である。

　ただ、付言しておくと、温暖化危機疑念説の中には、かなりの説得力をもつものがある（とくに、温暖化は、地球自体の長期的スパンの気温変化であり、CO_2が主原因とは言えないという議論など）。つまりこれは、現在の科学の水準ではまだ決定的な結論が出ない事柄と考えるのが妥当だ。そのため現状では、排出権取引などに対する一般的な疑問も含め、市民の合意を取り出すことは大変むずかしい。だが、それにもかかわらず、わたしは、橋爪の、環境危機に対する国際的協調への方向転換という問題提起には、大きな意味があると考える。

普遍消費・消尽・人口

われわれがたどってきた観点からは、現代の資本主義の進み行きをつぎのように描くことができる。近代社会の根本理念は「自由の相互承認」にもとづく「普遍ルール社会」を目標とするところにあった。実際、近代国家（とくに先進国家）は、決して十分とは言えないにせよ、成員の諸権利や享受の解放を徐々にではあるが前進させてきた。だが見てきたように、この進み行きを決定的に阻害していた中心的要因は近代国家間の闘争（競争）状態であり、資本主義システム自体が内在する格差原理である。

しかし、一定のスパンをとって見るなら、二〇世紀の半ば以降、先進国どうしの普遍闘争は冷戦構造などの要素もあって大きく緩和され、経済競争にもルールが設定されてきた。このあたりから、先進国家の「一般福祉」は急速に改善されてゆき、階級対立という構図はリアリティを失い、どの先進国でも中間層が成長してゆくという典型的な進み行きを取り始めた。これが資本主義の「光」の側面である。

この「光」の側面の展望だけをごく大雑把に描けば、以下のようになるだろう。まず先進国家間の闘争状態の停止とルール設定による経済的競争の緩和↓社会生産の一般福祉への還元↓生活水準の向上と中間層の拡大↓先進国の民主主義的成熟↓先進国のあいだの相互承認的ルールの整備→先進国の生産力の拡大による、中進国や貧しい国の競争力援助→国家間の境界の漸進的緩和……。このサイクルを通して、「普遍ルール社会」の原則が世界大へ拡大されること。

しかしもちろんこれは肯定面だけの素描であって、一方で、資本主義の「影」の側面も深く進行している。つまり、南北の格差がいっそう拡大してゆくこと。これに加えて、大量消費と大量廃棄のサイクルが、地球を資源的にも環境的にも消費し尽くすという資本主義的「臨界点」の浮上という事態である。

わたしはすでに、自由経済システムの基本構造を「普遍交換－普遍分業－普遍消費」のサイクルとして表示した。万人の「一般福祉」を近代社会の〝公準〟とする考えからは、「普遍消費」、すなわちいっそう広範な人々が消費を享受できる状態を実現することに、資本主義システムの本義がある。だが、現在の資本主義の配分システムはまだきわめて大きな不均衡のうちにあり、これを十分に市民的に制御するためのシステムは作り出されていない。

そして、現代社会が直面しているのは、資本主義の本義である全ての人間の「普遍消費」が実現するはるか以前に、先進国の「普遍消費」の局面で、すでに資源・環境の「臨界域」に達しつつあるという事態なのである。

橋爪大三郎の「炭素会計」の主張は、まさしく、見田の本質的な問題提起に対する、はじめての、そしてきわめて積極的な思想的応答だとわたしは思う。なるほど、いま、温暖化CO_2非原因説は、一定の説得力をもって原因説を相対化している。しかし仮にCO_2非原因説が妥当だったとしても、エネルギー資源の大量使用に、国際的なルールの縛りをかけてこれを世界的に制限してゆく方向に進むことには、大きな意味があると考えるべきである。

この「普遍消費」と資源、環境の「限界問題」について、もう一つ決定的な重要性をもつのは人口問題である。

かつて、マルサスは『人口論』で、アメリカ大陸での人口増加の実情を資料として、「食料の算術級数的増大、人口の幾何級数的増大」という「原理」を提示した。イギリスや新大陸の場合が典型的に示したように、一社会において近代化や技術化が急速に進むと、一定の段階で人口の急激な増加が生じる。マルサスはこの「原理」から、新しい資本主義システムのもとで、イギリスの下層民がどこまでも限界的な窮乏状態に縛り付けられることへの懸念と、そこからくる社会矛盾の激発に警鐘を鳴らした。

彼の予言は、その後、新大陸での食料生産の大きな伸びなどもあり、直接的な形では実現しなかった。しかし、この「原理」の意義は現在、世界の人口爆発という現象において、現代資本主義の運命にとって決定的な重要性をもってよみがえっているといわねばならない。

一八世紀の終わり、近代哲学が、世界中の人間を隷属状態から解放し、享受の「自由」をもたらす社会の構想を示していたとき、世界の人口は約一〇億だった。二〇世紀のはじめにそれは二〇億になり、そして一世紀のあいだでそれは三倍、つまり六〇億を超えた。つぎの五〇年のあいだに九〇億を超えると予想されている。

ある人口問題研究所が二〇〇六年に行なった予測では、二〇五〇年に現在の中国が日本並みの生活水準に達したとすると、それだけで資源的には地球がもう一つ必要となるとされる。あるいはまた、世界の人口が、現在の中国なみの生活水準になるとき、地球がさらに一つ必要となるとも言われている。しかもわれわれは、現在、巨大人口国における生活水準の大きな上昇の予想として、インドとロシアを加えなければならない。

この地球人口のドラスティックな増加が、われわれのテーマにとってもつ意味はただ一つである。つまり、近代社会は、万人の「自由」の解放（つまり「普遍消費」の実現）をもっとも重要な目標として進んできたが、かりに現在の大きな配分格差の問題が是正され、より多くの現代国家が、人々の生活水準を徐々に向上させる方向へ進むとしても、現状のままでは、それは地球資源の消尽という絶対的な限界に突き当たる、ということである。そしてそれは結局のところ、財の希少性、そして普遍闘争状態の復活を意味する。これが二一世紀以後の資本主義がはらむ決定的な問題点でないだろうか。

世界資本主義とその制御

さらにもう一つの契機をつけ加えねばならない。それは、ここ二〇年ほどのうちに、グローバリゼーションと並行して急速にその性格を露わにしてきた「世界資本主義」の問題である[*22]。

＊22　金融資本主義、グローバル資本主義、新自由主義（ネオ・リベラリズム）、市場原理主義、マネタリズムなどの名で呼ばれる現代資本主義の大きな流れで、その問題点については最近多くの著作が出ている。例えばライシュ『暴走する資本主義』、ペイルルヴァッド『世界を壊す金融資本主義』、スティグリッツ『世界に格差をバラ撒いたグローバリズムを正す』、内橋《うちはし》克人《かつと》『悪夢のサイクル』、金子《かねこ》勝《まさる》『閉塞経済』、水野《みずの》和夫《かずお》『人々はなぜグローバル経済の本質を見誤るのか』、竹森《たけもり》俊平《しゅんぺい》『1997年——世界を変えた金融危機』等々である。

一般に、現代資本主義の〝新自由主義的〟な流れは、一九七〇年代のアメリカやイギリスなどでの、インフレと失業率がともに悪化するスタグフレーションという新しい不況をきっかけとすると言われる。第二次大戦後、世界の先進国の大きな流れは、基本的にケインズ理論にもとづく政府の公共政策による市場調整の考えによっていた。しかしケインズ方式はこの新しい事態によく対応できず、新しい経済理論として出てきたのが、貨幣流通量によってインフレに対処すべきというミルトン・フリードマンに代表される「マネタリズム」の考えだった。この理論はイギリスやアメリカ政府に取り入れられ、一定の成功を収める（サッチャリズム、レーガノミックス）。

以後、「新自由主義」的経済政策は、経済的停滞に悩む先進国の新しい方式として広がってゆくが、その結果、現代資本主義は、新しい局面に入ってゆく。規制緩和、市場原理の導入、金融市場、貿易の自由化、IT革命、構造改革、小さな政府、などがこれを象徴する新しいキーワードだが、そのポイントは、これまでそれぞれの国家において調整されていた資本主義の経済ルールが、国家を超えて世界化（グローバライズ）してゆくという傾向である。

その結果生じたことについての代表的な議論を、いくつか取り出してみる。

たとえば、ロバート・ライシュは『暴走する資本主義』（雨宮寛他訳）でこう言う。

現代「超資本主義」と言うべき新しい流れが、交通と流通上の新技術によって、コンピューターとインターネットによる、グローバルな流通サービスをも可能にした。このことが旧来の国家単位の生産と流通のシステムを破壊し、国際的な資本主義競争を激化させた。このような流通上の変化とともに、金融の規制緩和と情報テクノロジーの革新が組み合わさって、世界中の投資家に巨大な投資の機会を開き、それが企業のいっそうの競争の激化を招き、高収益圧力を高めた。このような流れによって、「権力は消費者と投資家に移り、超資本主義が民主的資本主義に取って代わった」（前掲書、一一七頁）。

経済学者のジョセフ・E・スティグリッツは、市場原理へ任せることが経済的な効率を上げる、という考えを批判する。一九七〇―八〇年代にかけての経済学は、むしろ、新自由主義的な市場原理の限界を浮かび上がらせた。市場における情報の不完全性や市場の不安定性はむしろ経済効率を阻害する。しかし市場原理主義の過大な幻想が、この間長く放置されてきたのであり、このことが世界的な競争の激化と格差の拡大を生みだし続けてきた(『世界に格差をバラ撒いたグローバリズムを正す』七一頁)。

『世界を壊す金融資本主義』におけるペイルルヴァッドの警告も、きわめて示唆的である。現代のグローバルな「金融資本主義」はかつての国家単位の資本の競争という局面を超えて、その全体が恐るべきピラミッド形構造をもった「巨大な株式会社」として形成されている。世界中の顔の見えない三億人の株主が、世界資本主義の運動の全体を支えている。その主体は、個人の蓄えを老後に備えて株式で運用している裕福な先進国の一般市民であり、この大きな資産が、信託された資産を増やすことを職務とする無数のファンド・マネージャーによって運用されている。

実体経済ではなく、金融資本主義がすべてを先導しており、いまや企業の経営者は、資産増殖という株主の絶対命令にのみ従う「献身的な奉仕人」に過ぎなくなる。「こうして世界は単一のモデルを目指し、均一化される。すなわち、資本主義が君臨する地域は、すべて均一化されることになるのだ。この世界規模の資本主義化により、主権国家は規制をかける能力の大部分を失ったのである」(『世界を壊す金融資本主義』九三頁)。

ここに挙げたのはごく一例にすぎないが、要するに、多くの経済学者、理論家が、この二〇年のうちに現代資本主義に生じた、市場原理主義の世界化が、マネーゲームの競争原理を激化し、国内だけでなく国際間の格差を拡大し、国家の相互承認的な調整（互酬的原理）を破壊し、そのことで次の資本主義のサイクルの不透明性を拡大している、と警告する。これに対する反論もなくはないが、総じて説得力に欠ける。〝世界資本主義〟がもたらす大きなデメリットは、おそらく現在、誰も否定できないものとなりつつある。

ミルトン・フリードマンと「新自由主義」

ミルトン・フリードマンの主張の中心点は二つある。第一に、先進資本主義国家の新しい傾向である長期不況については、これまで効果があると信じられていた政府介入型、ケインズ的処方は間違いであり、通貨量調整型にし、基本的に市場原理に任せるのがよい、という考え。第二に、社会にとってもっとも大事なのは、政府の諸権力に対して個々人の自由と権利が守られることであり、もっとも合理的かつ効率的な経済理論と、個人の自由に対する政府の介入の最小化の原理とは両立するという主張である。

第一の点については、ケインズ理論に一定の不備のあることは現在、多くの経済学者の認めるところだし、少なくともアメリカの八〇年代不況についてはフリードマンの理論が一定の実績を上げたこと（ボルガー、グリーンスパンFRB議長時代にそれが採用された）は認めねばならない。しかし、一つの経済理論が、経済現象をうまく捉えていたかが実証されるにはふつう五〇年以上のスパンを必要とするから、現状で、マネタリズム理論がケインズ理論を超えるより正しい理論かどうかはまったく確定できない（この文章を書いた直後世界金融危機が現われ、じっさいに、フリードマン理論は大きく相対化されることになった）。

さらに、フリードマン理論が帰結する市場原理主義の世界化が、総じて、マネーゲーム的性格をもつ金融資本主義について、共存と調整のルール整備ではなく、その競争の激化をもたらすものであることはかなり明らかになりつつある。とくに金融市場の競争の自由化と世界化が、持てるものに有利に働き、持たざるものに不利に働く傾向をもつことはいまや否定しがたい。市場原理主義は競争原理の最大化によって経済効率の最大化をめがけるのだが、それが、世界経済全体における、金融経済と実体経済の適切な均衡をとる保証は存在せず、実証されてもいない。

もう一つの問題は、フリードマンの理論がいわば「純粋自由主義」の理念に裏打ちされている点である。

自由主義思想の根本にあるのは、個人の尊重である。自由主義では、各自が自分の考えに従ってその能力と機会を最大限に生かす自由を尊重し、このとき、他人が同じことをする自由を阻害しないことだけを条件とする。このことは、ある点では平等を、ある点では不平等を支持することを意味する。人は等しく自由権を持っている。この権利がきわめて重要な基本的権利なのは、人間が一人ひとりみな違うからであり、自分の自由でもって人と違うことをしようとするからだ。そして人と違うことをする過程で、大勢が暮らす社会のあり方に、一層多くの貢献をする可能性がある。だから自由主義者は、権利の平等・機会の平等と、物質的平等・結果の平等との間に厳然と一線を引く。自由な社会が他の社会より多くの物質的平等をもたらすのはよろこばしいことではあるが、自由主義者にとってそれはあくまで自由社会の副産物であって、自由主義を正当化するものではない。（村井章子訳『資本主義と自由』三五二―三五三頁）

フリードマンの主張には、完全平等主義の考えの不合理性、それが全体主義を招く危険性をもつこと、国家権力集中の危険性、人間の自由の権利の重要性、経済システムとしての自由市場原理の優位性、生の価値の多様性（自由）の強調など、多くの観念が混在している。そしてこの混在の全体が、ちょうど、フロイトの「ハンスの言い訳」のようにからみあった矛盾をはらんでいる。*23

＊23　『夢判断』に出てくる。フロイトによれば、夢の表象では、さまざまな矛盾が平気で同居

しているが、それはちょうど古い昔話にある「ハンスの言い訳」に似ている。隣人からナベを借りた農夫がそれを返さないために行なう矛盾だらけの言い訳のこと。自分はあのナベを返さなくともよい、なぜなら、第一にあのナベは穴があいていた、第二にあのナベはもう返した、第三にあれは借りていなかった等々。

しかしもっとも根本的な弱点は、その「自由」理論が、人間はだれも自分の諸権利を侵されない「自由」をもつ、という純粋化された「理想理念」だという点にある。

この「理想理念」の性格については、ちょうどその対極にあるアマルティア・センの主張と対照するとよく理解できる。センの主張のポイントは、社会思想の根本を、いわば人間の理想的な平等化の理念、どんな人間も、人間であるかぎり、最低限の尊厳ある生活を営むことができるのでなくてはならない、という観念にある。そこで、一般市民（とくに先進国の一般市民）にとって、弱者（貧しい立場にある人々）に救済の手をさしのべることは一つの「義務」（「完全義務」ではないとしても「不完全義務」だとされる）である。

センの経済理論と社会理論の基本性格は、このような弱者救済義務説あるいは当為説であるが、これはちょうど、フリードマンの人間は「自由」であるべきだという「自由当為説」と対極的な「理想理念」をなしている。しかし、すでに見てきたように、このような「理想理念」は、必然的に信念対立を生み、またその調停の可能性をもたないために、現代の社会思想の基礎とはなりえない。

フリードマンのような〝先験的自由〟の理論は、一部の「リバタリアニズム」の思潮とも重なりあっている。それは一見、ヘーゲルの「自由」の理論と重なり合うかのようだが、じつは決定的に異なっている。

先験的自由論は一つの「理想理念」であり、その祖型はロックの天賦人権論（神が人間を自由な存在として創った）である。これは、当時の王権イデオロギー（王権神授説）に対するいわばカウンター・イデオロギーとして強い力をもち、アメリカ革命における人権憲章、フランス革命における人権宣言に強い影響を及ぼし、近代国家の基礎理論となった。

しかし哲学的には、ルソーやヘーゲルの理論がその弱点を超え出ている。

ヘーゲルは「自由」を人間精神の本質と考えたが、「自由」（諸権利）が本来人間に属するとは考えなかった。彼は、ロックやカントの人権と自由の生得説を転倒する形で、人間は生来自由ではないし、かつて一度たりとも自由であったことはないが、各人が「自由の相互承認」の意志をもち、これを社会化する場合にのみ人間の自由（人権）は可能となる、と説いた。

「自由の相互承認」の原則による社会を創設することによってのみ、各人は、「自由」を確保する社会的条件をもつ。しかし、この社会はそれ自身では、いわば自己中心的な欲望の自由競争を認め合う社会にすぎない。もしそれが終点なら、人間の「自由」の本質は成就されえず、「近代社会」の理念は、ただ暴力の覇権ゲームを経済的覇権ゲームに置き換えただけのものに終わるだろう。ヘーゲルが国家を「人倫」の原理として示し、国家の公準を「一般福祉」においたとき、その根本のモチーフはこのような点にあった。

話を戻すと、フリードマンがしばしば行なう、個人の諸権利に対する政府権力の介入の正当性への批判は、先のような先験的自由理念に根拠をおいている。しかし哲学的には、人間は本来「自由」な権利をもつべきである、という理論は、人間は本来力の優位によって秩序を作るべきものである、という理論以上に優れているわけではない。前者は、「国家権力」に対する根強い批判勢力の、後者は、その考えによって利益をうる支配的勢力の賛同を得るだろうが、「一般意志」とはなりえないから、社会思想の根拠たりえない。*24

＊24 哲学的には、前述したセンの「義務論」、ロールズの「正義論」、ハーバーマスの「熟議民主主義」などは、主としてカント的な「善」の理想理念に、ノージックのリバタリアニズム的「国家正当性論」は、ロックの先験的自由の理想理念に根拠をおいている。これらが現代の社会的批判思想として果たしてきた市民主義的役割をわたしは評価するが、哲学的な原理としては、理想理念として互いに対立しあう場面で、それを内在的に克服する原理をもたない点に決定的な弱点がある。

しかし、いま述べたことは、「新自由主義」（ネオ・リベラリズム）の理論的側面にすぎない。ここでなにより重要なのは、この経済理論を一つの契機として現われた、現在の世界資本主義の大きな傾向、つまり、実体経済に対する金融経済の主導性と巨大化、貧しい国家の不利益の増大、「企業」の公的性格の喪失、公的調整能力としての国家と政府の無力化、そして富の格差のいっそうの拡大、という傾向である。

資本主義とその「正当性」について

論考の最後にきて、こんどは、アメリカのドル暴落をはじめとする世界的な金融危機の大波が起こった。このため、すでに述べたような「新自由主義」的経済学への批判は、いまや日常茶飯事となっている観もある。しかし今回の大不況の意義は歴史的に小さくないと思えるので、もうひとことつけ加えておきたい。

新しい経済理論はまだ明確には示されていないとしても、先進国は今後、ここ二、三十年ほど主流だった、金融の過度な自由化、規制緩和、小さな政府といった新自由主義的政策を、大きく転換するだろう。わたしとしては、これは、先進国家が、協調的に、これまでの資源消費と格差の無限拡大的な資本主義の性格を根本的に変更する一つの大きな好機となるべきだと考える。

資本主義の「持続可能性」は近年すでにさまざまな形で問題にされてきた。しかしここでわたしが提示しておきたいのは、先に触れた資本主義の「正当性」の概念である。

近代国家の政治権力の「正当性」の理論については、ルソーの「社会契約」と「一般意志」がそのもっとも本質的な理論であることはこれまで見てきたとおりだ。しかし、資本主義システムは、政治ルールとはちがって哲学者による理念的形成によるものではなく、市場経済からの自然発生的ルールの展開という性格をもったため、「正当性」の理論をもたなかった。しかし、「市民国家」が理念的に「自由の相互承認」を基礎とするかぎり、その経済システムとしての資本主義もまた、「一般意志」を根拠とする「正当性」の理論をもたねばならない。そしてその具体性が「一般福祉」の概念によって支えられるべきことは明らかであろう。

だが、わたしはここで、そのような理論以前に、一般的に人々に抱かれている、近代社会と資本主義についてのいわば暗黙の「正当性」の感度について考えてみたい。

「近代社会」は、いわば万人の自由(と享受)の解放へと向かう長い列車として出発した。その先頭車両にある先進国家の人々は、さまざまな「自由」を保障され、かつ豊かな「普遍消費」にあずかっている。しかし最後尾の多くの車両には、おびただしい数の人々が満載され、普遍消費どころか、基本的な自由をもたないだけでなく生命の保証すらおぼつかない状態で生きている。その車列はひどく長く延びていて、先頭と最後尾の車両における生の条件の差がはなはだしいものであることは誰にも理解できるだろう。

さて、資本主義には顕著な格差の原理があり、それが配分の不合理を生んでいることを誰もが認めるだろう。しかしそれにもかかわらず、発展する資本主義の巨大な生産能力が、近代社会の長い車列の最後尾に位置する人々にも「普遍消費」を拡大してゆく方向に進み、その車列が徐々に短くなっていって先頭と最後尾の格差が縮小される方向に進んでいると感じられるかぎり、多くの人々は、近代社会を支える「資本主義システム」に暗黙の「正当性」を与えることになるだろう。これは特定の政治的理想理念を持ち込まないかぎり、多くの人々が社会の「正当性」についてもつ自然で暗黙の感度なのである。

さて、このような資本主義の暗黙「正当性」という観点は、われわれに次のようなことを示唆する。

資本主義国家は、第二次大戦が終わり、冷戦構造によって先進国家間の熾烈《しれつ》な軍事競争が緩和されたころから、徐々にではあるが、「一般福祉」と「普遍消費」の側面を推し進めていった。その後、先進国ではその経済成長率が徐々に低下し、代わって中国やインドを代表とする中進国が高度成長の時代に入っている。

つまり大きな流れとしては、「普遍消費」のより広範な人口への拡大が進行しているように見えていた。この点では、さまざまな矛盾を抱えながらも、現代資本主義は（そしてそれを主導した「新自由主義的」経済の流れも）、最低限の「正当性」をもつかのように感じられていた。だが、現在それは、つぎの二点で、決定的に破綻《はたん》しつつあるように思える。

第一に、いまやこの「普遍消費」の進歩は、すでに触れたように、資本主義による地球資源・環境の絶対的「限界」への接近を意味している。*25 そうであるかぎり、現在の資本主義は、この「臨界域」にゆきつく途上で「希少性」(パイの奪い合い)の問題を露呈させ、おそらくは中進国を中心とした核戦争の可能性、あるいは格差の拡大によって絶望した人々を代表する勢力(救済思想や原理主義)による核のテロなどの可能性を、極度に高めるだろう。

＊25 すでに触れたが、この種の証言はいたるところでなされている。たとえば、ペイルルヴァッドは『世界を壊す金融資本主義』でこう書く。「現在の先進国の生活様式を地球全体に広げることは不可能である。地球の住人の二〇%が、地球資源の八〇%を消費しているのだ。もし、全世界がフランス国民の生活水準となった場合、地球資源の消費量は現在の三倍に増加するであろう。カルフォルニアの住人のレベルでは九倍に増加する。早急に京都議定書を世界レベルで批准する必要があり、また、国際的政府機関は、これを厳格に運営管理しなければならない。」(林昌宏訳、一四五頁)

第二に、もし先進諸国家が、金融資本主義を特徴とする新しい〝世界資本主義〟の流れ、つまり金融経済の巨大化と超国家化の流れを変更することに失敗するなら、＊26 世界資本主義は、ますます「覇権的マネーゲーム」の性格を強め、そのゆきつく先は、資本主義システムにおける市民的制御の「消失」、つまりマネーの力による政治ルールと経済ルールの独占の進行という事態である。

＊26 リチャード・ローティはこう言う。「グローバリゼーションの中核をなす事実とは、国民国家に属する市民の経済状況が、その国家の法によるコントロールの及ぶ範囲を超えてしまっ

ているという事実なのである。」（須藤訓任他訳『リベラル・ユートピアという希望』二八八頁）

このような金融経済主導の世界資本主義の流れには背景がある。すでに触れたように、先進国においてさえ、大多数の人間に本格的に「普遍消費」が浸透するようになったのは、世界大戦後のことである（日本の戦後の高度成長、大衆消費社会はそれを象徴する）。そして先進国のこのような経済成長を支えたのは、わたしの考えでは、次の三つの大きな要因である。

すなわち先進国間の戦争の停止、一九世紀後半以来の石炭・石油というエネルギー革命、そして電気（電磁）技術革命である。このような大きな技術革新とエネルギー革命は、資本主義の根本的な動因、つまり「はずみ車」として諸国家の成長を大きくうながす。しかし、この資本主義の動力は、都合よく持続的に続くとはかぎらない。それが一段落すると、先進国から資本主義的な経済成長の度合いが鈍化してくるのは、シュンペーターが示唆したように「構造的」なものである。

戦後例外なく大きな伸びを示した先進国の経済成長は、一九七〇年代を境に鈍化してくる。「新自由主義」的経済政策は、この経済成長の鈍化を、投資＝金融の活性化によって乗り切ろうとする。経済的な新自由主義理論の基本は、不景気は競争の拡大によるマネーゲームの活性化によって克服せよ、という考えである。しかしこの試みは、結局のところ、実体経済から乖離《かいり》した資金集めのゼロサムゲームとなって、バブルの円環的構造に帰着する。

資本主義は、総体としては、どこかの時点で高度な技術革新やエネルギー革命が生じると、成長の潜在力を作り出すが、この流れが弛《ゆる》む時期には、協調的な「後退戦」をはかるほかはない。先進国は、自分だけは成長を維持しようとして投資を活性化する「マネーゲーム」に頼ろうとするが、まさしくそれはいわゆる「合成の誤謬《ごびゅう》」によって、全体としては大きな不合理(バブルとその破綻)にはまりこむのである(不況の際には、各家計は将来に備えて多く貯蓄するが、全体としてはこれが一層不況を深刻化するといった事情を、経済学では「合成の誤謬」と呼ぶ)。

しかし問題なのは、このような資本主義の調整の失敗は、資本主義の破綻や倒壊にいたるわけではない、ということだ。資本主義の調整の失敗は、むしろ、これを制御する手段がなくなって、資本主義ゲームをますます弱肉強食の覇権ゲームと化す。そこでは、社会の流動性と多様性は失われ、階層の固定化が復活し、欲望と価値の一元化がいっそう進行する。そしてそれが「人間的自由の条件」をますます逼塞《ひっそく》させるのである。

「大きな物語の終焉」の終焉

さて、肝要なのは、言うまでもないが、そのような危機的状況を単に「指摘すること」

ではない。そのことだけなら、すでにさまざまな仕方で多くのことが指摘されてきた。しかし必要なのは、現代資本主義の危機的な軌道を修正する〝可能性の原理〟を提示することである。そしてつぎに、この可能性についての合意が形成されねばならない。その大きな合意が成立するとき、ちょうど近代市民革命がそうだったように、はじめて、多くの具体的条件と目標の設定についての多様なプランとアイデアが現われる。そしてそこから妥当なものが吟味され、選び出されてゆくことになるだろう。

たとえば、橋爪大三郎のつぎの言葉は、現代の批判思想の状況をきわめて象徴的に表現している。

いま、環境危機の到来とともに、もうひとつの新しい時代が始まる。それはポストモダンの終わり。一九八九年から約二〇年続いたポスト冷戦の時代の終わりである。（略）なぜ、環境危機が、ポストモダンを終わらせるのか。ポストモダンは、大きな物語の終わりだと言われる。冷戦が終結し、人びとを縛りつけていたイデオロギーが効力を失った。大きな物語を失った人びとは、めいめいが自分の価値観に従って、自由に生きることを強いられ、多元的な相対主義の海のなかに放り出された。自由と豊かさが、同時に制約と苦しみでもあるような、無重力のような空間がポストモダンである。環境危機は、大きな物語を復活させる。イデオロギーを復活させるわけではない。人びとを

「人類」という連帯の輪に結びつける、大きな価値観を生きざるをえなくなるのだ。
(『「炭素会計」入門』六〇頁)

近代の根本テーゼは、文明発生以来人間がおかれていた普遍支配構造の解体と万人の「自由」の解放ということだった。そして近代国家は、この課題を徐々にではあれ現実化していくように見えた。だが、この道は同時に、資本主義(マネーゲーム)の覇権の論理を爆発的に拡大させ、新しい社会矛盾を激発させた。

これに対して、まずマルクス主義が本質的な批判思想として現われ、資本主義の不可能性の「原理」とその代案としての社会主義国家を提示した。しかしそれは結局、全体主義的な権力国家であることを超えられなかった。そしてつぎの批判思想としてポストモダン思想が登場した。

ポストモダン思想は、一切の元凶は、人間精神の自由を抑圧する普遍主義の思考、つまり「大きな物語」にあるとする、典型的な「イロニー」の思想だった。それは、社会思想に全知のありえないことを自覚する思想だった。そして、絶対正義にもとづく「理想理念」のイデオロギーを相対化し、人間的「自由」にとって価値の多様性と差異性が不可欠であることを指摘した点で、二〇世紀思想としてきわめて本質的な役割を果たした。

しかし、一方でポストモダン思想は、そのイロニー的本性によって、哲学的な「普遍性」と「原理」の思考を拒否した。それはあらゆる制度と権威を批判し相対化したが、その価値相対主義的本性によって、社会の構造を原理としてつかみ、新しい構想を作り上げることはこれを〝禁じ手〟とした。

絶対的な認識は存在せず、社会制度は幻想であり、主体とは「形而上学《けいじじょう》」である。主体は「構造」に規定されており、むしろ「構造」こそが真の主体である。「私」ではなくて、「言葉」こそ語る主体であり、「身体」こそ行動の主体であり、「無意識」こそ欲望の主体であり、そして他者こそが自己である。普遍性も原理も存在しないし、また存在してはならない。このような反転と逆説のレトリックが、あらゆる場面で駆使された。

しかしこのような論理と価値の相対主義は、それが未来の社会像をけっして主体的な仕方で構想できないことから現われた、イロニー的批判の必然的な定型だった。そこで人々の社会意識は拡散し、定点をもつことができなくなった。そういうとき、社会と精神をめぐるさまざまな言葉は、「ラモーの甥《おい》」の場合のように、一切の概念と現実を転倒させて差異の戯れへもち込むものとなり、しかも、この転倒と逆説の戯れの巧みさのうちにこそ「最高の真実」が存在するように見えてくる。これがポストモダンの〝真実〟だった。

こうして二〇世紀の半ば以降、人間は「大きな物語」(イデオロギー)を失った。だがそれは同時に、われわれがこの間、現代社会に対する根本的な思想を見出せなかったということを意味する。橋爪が指摘するように、大きな物語は失われたという言葉自体が、いまや、イロニー的真実のクリシェとなっているのだ。

「大きな物語」とは何だったのか。いまわれわれはその意味を明確に言うことができる。それはつまり「理想理念」のことである。ポストモダン思想が対抗しようとしたのは、単数的な「理想理念」がイデオロギー的な暴力性へと転化する危険性であって、そのことは二〇世紀の政治思想の動向の中で正当な意義をもっていた。まさしくイロニーは絶対的「理想理念」に対する対抗思想にほかならなかった。

しかし、いまわれわれが直面しているのは、現代資本主義の新しい局面である。二〇世紀思想のもっとも中心的な課題は、近代国家どうしの普遍闘争と一社会内の階級対立をいかに克服するかということだった。しかし、二一世紀の中心課題は、資本主義の現在的な性質と形式を根本的に変革できなければ、それは絶対的な臨界域に達し、人類社会自体が存続しえないという問題にある。

われわれはここで、一つの重要な選択肢の前に立っている。われわれは新しい「物語」を設定する必要に迫られているが、それは「理想理念」としての「物語」ではなく、現代社会と資本主義の「正当性」の理論である。つまりそれは、世界はかくあるべきという特定の理想の「物語」ではなく、世界が少なくともこのようなものであるなら、それについては誰もが納得するほかないといった、合意の普遍性の理論にほかならない。

資本主義の市民的制御

わたしの考えでは、現代社会の新しい「正当性」としての「物語」はつぎのようなものにならざるをえない。人間社会は定住・蓄財以来、「普遍闘争」と「普遍支配」の時代に入りこんだが、近代にいたってはじめて、普遍支配構造から脱して自由なルール社会を実現する可能性の原理をつかんだ。だが近代国家どうしは二〇世紀の半ばまで普遍闘争を続け、二〇世紀の後半から、ようやく武力の闘争をやめ、経済競争の時代に入った。だが、ここでの中心問題は、第一に、この経済競争が国家の調整の枠組みを超え、覇権的マネーゲームの性格をいっそう強めていること、第二に、「普遍消費」が拡大されるにつれ、それは地球資源の消尽という絶対的臨界に近づいていること、である。また、第二の点は、再び「希少性」の問題が浮上することで、核戦争などの悲惨なカタストロフィーの危機を含んでいる。

第一の問題が示唆するのは、おそらくさらに重大な不幸であり、それは、人類全体が、もういちど普遍支配、普遍的隷従の構造のうちに逆戻りするという可能性にほかならない。近代になって人間社会がようやくつかんだ、多くの人間を絶対的隷属状態から解放し、それを基礎条件として人間的精神の「自由」を実現するという希望が、永遠に（?）閉ざされてしまう可能性がある。

ヘーゲルが示唆したように、宗教的意識は、絶対的隷属の状態にあった人間がその生を耐えるための救済の原理だった。しかしいったん「自由」を自覚した現代人にとって、その「自由」の可能性が永遠に閉ざされることは、生の可能性の絶対的な冷死を意味するだろう。われわれはずっと後になって、人類が、一八世紀から二〇世紀のごくつかの間のあいだだけ、身体と精神の「自由」の所有、というきわめて希有で貴重な時間をもったことを惜しむことになるかもしれないのである。

こうして、最大の課題は、われわれが、二一世紀を、国家間の普遍闘争の終焉だけでなく、覇権的な経済競争を終わらせる世紀とすることができるかどうか、ということになる。このことはまったく不可能な「物語」だろうか。

それは不可能かもしれない。しかしなにより重要なことは、それについての「可能性の原理」ならわれわれはもっているということである。

ホッブズが普遍闘争の原理を提示し、ロックが人民主権国家の可能性を示し、ルソーがその思想的「原理」を明示したとき、人類は、およそ一万数千年続いた絶対的支配と隷属の構造から抜け出す「可能性の原理」をはじめてつかんだ。それは「自由の相互承認」を基礎として、国家を「完全ルール社会」へと創設するという新しい原理だった。われわれはそれが約二百年以上をかけて、どのような条件で徐々に進展し、しかしどのような理由で、決定的な実現に至らなかったかについて見てきた。したがってこの先にあるのは、この「原理」の条件をいかにして立て直し、どのような順序でそれを〝国家間〟に拡張し、そのことで人間社会全体を「普遍ルール社会」へと近づけていくかという課題であるはずだ。

見てきたように、この課題は現在、きわめて大きな「危機」と同居している。しかしこの「危機」こそ、われわれの選択肢を明瞭《めいりょう》にし、合意と決断を強固なものにする可能性でないだろうか。現在の環境や資源問題がもつ重要な意味は、むしろそういう点にあると思える。

見田宗介によれば、現在人類社会は、文明の発生によって無限の可能性を手に入れて以来はじめて、〝有限性〟の問題にぶつかっている。しかしまさしくそのことに大きな意味がある。この絶対的な有限性についての深い自覚だけが、人間の「自由」への欲望に、はじめて本質的な覚醒《かくせい》を与えうるからだ。

なにより合意の形成が必要だが、それは一見きわめて困難に見える。だが一方で、もはやわれわれの選択肢とその意味はきわめて明らかではないだろうか。一つは、「近代社会」の本質の誤認とそこからくる絶望によって、思想のさまざまな反動形態のうちにとどまること。もう一つは、覇権的な資本主義システムの制御を推し進め、近代社会の「自由」の理念を世界的に拡大してゆく道をはっきりと選ぶ道である。

先にも述べたが、この選択肢の具体的諸条件を示す作業については、つまり「自由の相互承認」の「社会学的転移」については、別の仕事としなければならない。しかし、大きな道すじは二つで、まず資本主義の進み行きが、現状のままでは絶対的な限界をもつだけでなく、近代の「自由の相互承認」の原理自体が不可能となる、ということについての合意を広げてゆくこと。この合意の形成だけが、先進国間の経済競争の全体にルールの縛りをかけ、競争原理を徐々に緩めてゆくことのはじめの一歩になるだろう。経済ゲームの国際的なルールを設定して、国家間の競争原理を徐々に調整しつつ緩めてゆくことは、きわめて重要な課題である。

要するに、まず先進国家間に、先進国家の市民の「一般意志」によるルール調整のシステムを作ることが必要である。それは先進国家の市民の平和的共存の意志、市民国家間の市民的な「自由の相互承認」による「一般意志」の原理である。そして、この原理は、先進国家と貧しい国の格差を拡大するのではなく、逆に、貧しい国の人間を、同じ人間としてのメンバーシップに組み込む可能性を開く。もちろん、世界のすべての人間を、一挙に自由にし、経済的に豊かにするような「原理」は存在しない。それはただ、時間をかけ、順序をたどってのみ可能となる。そして、このプロセスの進展だけが現代の国家と資本主義に「正当性」を与えることができる。

しかし、そのためには、これらの一つひとつの課題について、その可能性の「原理」を取り出し、具体的条件を確定し、多くのプランやモデルを創出しなければならない。この「可能性の原理」の実現を阻害する中心的な要因は、二つである。既得権と実力をもつ勢力の抵抗。そして、可能性の原理自体を認めず、すべてに否を言い続ける反動思想。これらを徐々に解除するためのもっとも合理的な考え方の「原理」もまた、考え出されなければならない。

はじめに強調したが、哲学の「原理」の方法とは「真理」を探究するための方法ではない。それは、「この問題については誰にとってもこれ以外の考え方をとることは難しい」、と言えるような道だけを探して進む思考法である。

ここでわたしが、哲学的な原理として示そうとしたことは二つだ。それがどれほど多くの矛盾を含もうとも、現代国家と資本主義システムそれ自体を廃棄するという道は、まったく不可能であるだけでなく、無意味なものでしかないこと。そうであるかぎり、現在の大量消費、大量廃棄型の資本主義の性格を根本的に修正し、同時に、現代国家を「自由の相互承認」にもとづく普遍ルール社会へと成熟させる道をとる以外には、人間的「自由」の本質を擁護する道は存在しないこと。

哲学を「形而上学」だと考え、国家と権力と資本主義を諸悪の根源と考えてきたような世代にとっては、このような主張は、まったく異国の言語のように聞こえるかもしれない。その感度をわたしはかなりよく理解できる。わたしもまたこの世代の感度を共有していたからだ。だからわたしとしては、世界と人間の構造について根本的に考え直し、現代社会がもつ本質的な困難を本気で克服しようとする気概をもつ新しい世代に、哲学が示してきた「原理」をもう一度徹底的に吟味しなおしてほしいと思う。すべて本質的な思想は、もういちどすべてを一からやり直そうとする気概から現われる。

ニーチェはつぎのように書いて、現代人の前に、生についてのある決定的な選択肢をおいたのだった。

おわかりであろう、問題は苦悩の意味いかんであるということが。すなわち、はたしてキリスト教的意味なのか、はたして悲劇的意味なのかということである。(原佑訳『権力への意志』五二八頁)

ここで「キリスト教的」とは、〝ルサンチマン〟と〝シニシズム〟の道を意味し、「悲劇的」とは、生の現実の与件を是認しこれを引き受ける道を意味する。もっとシンプルに言えば、これはつまり、「正義」と「道徳」の道に生きるか、生のエロスの意志に生きるかというオプションにほかならない。近代国家と資本主義は恐ろしいほどの悪と過ちを生み出した。だが、われわれのうちにある、歴史の悪と過ちを「正しさ」によって決済したいという暗黙の心意を自覚できないかぎり、思想は、つねに背後に向かって、つまり「かくあるべきでなかったのに」に向かって遡行《そこう》しようとするのだ。

現代社会は、さまざまな困難と矛盾を抱えこんではいるが、人間の本質的な「自由」が生きのびる可能性の原理はまだ死に尽くしてはいない。これがわたしの第一の主張である。この「可能性の原理」を現実化できるか否かは、われわれ自身の一つの根本的な決断にかかっている。つまり、恣意《しい》的な理想理念の「物語」からではなく、これ以外にはありえないといういくつかの原理的選択肢から一つを明瞭に選びとる、多くの人間の「われ欲す」を、現代社会は必要としているのである。

あとがき

この本の第一の狙いは、いちおうはヘーゲル論、とくにヘーゲルの近代社会と近代国家論のエッセンスをできるだけ分かりやすく、ということになる。「いちおう」というのは、書いている途中でかなりその重心が変わってきたからだが、ともあれ、なぜいまヘーゲル論かと言われれば、それは現代の批判思想の根拠ということにかかわっている。

二〇世紀の批判思想の中心的関心は、反国家、反権力、反資本主義（場合によると反近代）という観念にあった。わたし自身も長くそのように考えていた。だが、ある時点でわたしは、この考えからはっきり離れる必要があると考えるようになった。もっとも大きかったのは、一五年ほど前、ヘーゲルの全体的な再読を試みたのをきっかけに、近代哲学をもう一度読み直したことだ。

一八世紀の批判思想の根本課題が、いかに教会と王国の体制を批判解体するかという点にあったとすると、二〇世紀の批判思想のそれは、「権力」や「資本主義」をいかに根本的に批判し、あるいは〝脱構築〟できるか、「国家権力」や「資本主義」なしの社会をいかに実現しうるか、という点にあったと言える。しかし、いまわたしの考えを言えば、この課題は、世界の根本原理・究極原因をつかもうとする「形而上学《けいじじょう》」の夢、あるいは、卑金属から金を合成しようとする「錬金術」の夢に等しい。つまりそれは原理的に不可能な展望なのである。

二〇世紀的な批判思想の本流からは、これはありうべからざる考えと見えるかもしれない。しかし、わたしはむしろ、このことを誰も疑えない仕方で明らかにすること、一つの動かしがたい「原理」として示すことで、はじめてつぎの希望が現われてくる、と考える。

二一世紀の批判思想の中心の課題は、もちろん、現代資本主義の矛盾に満ちた現状をいかに克服するかということにある。まず、マルクス主義思想の実質的な衰退以来、もうかなり長く、われわれは人間社会の未来に対する根本的な社会構想をもたないままでいる。つぎに、このことは社会思想それ自体に対する深いシニシズムの進行をもたらしている。さらに、それは近代人の生のモラルと意欲を根深くむしばんでいる。

しかし、長く人々の一縷《いちる》の希望となっていた国家や資本主義の廃絶という展望が、そもそも不可能なこと、あるいはもっと悲惨な結果しかもたらさないようなことであるなら、われわれはできるだけ早く、この希望を断念したほうがよい。その絶望が深いほど新しい可能性を探す力が現われるからである。

もう一度言うと、国家と権力の廃絶、資本主義のほかの経済システムへの置き換えによって、現代社会の根本的矛盾を克服できるという希望は、わたしの見るかぎり、まったくの錯誤であり、どんな可能性ももっていない。そのつぎの展望についてはさておき、ここでとりあえずわたしが明らかにしたかったのはそのことである。いま、ごく簡単にその概要を記してみる。

まず国家と権力。たとえば、これまでわれわれは長く、権力者の支配の手段としての国家が、戦争の原因だと考えてきた。しかしこの考えは顚倒《てんとう》している。国家が戦争の原因なのではなく、普遍闘争状態（万人の万人に対する戦争）が国家が形成される本質的原因なのだ。また、権力者が国家を支配の道具とするのではない、いったん国家ができるや必ず支配構造、つまり権力構造が現われるのである。

国家をなくせば権力もなくなる、したがって支配もなくなるという考えも、同じく原因と結果を顚倒している。そもそも、国家とは権力を集めることで作られるが、その理由は、ルールの設定が国家の存在理由だからだ。権力がなくなれば支配がなくなるという考えほど素朴な錯覚はない。権力がなくなれば、ルールが成立せずふたたび普遍闘争が現われるのである。

したがって人間的「自由」の可能性の唯一の原理は、国家＝権力の廃絶ではなく、むしろ、人民権力＝市民国家の設立ということだけである。市民国家が資本主義的支配構造を作り上げるという事情はまた別の問題であって、たとえそうであるとしても、人民権力の原理自体は動かしがたいものだ。権力の廃絶ではなく、権力の正当性とその適切な制御ということが問題なのである。

最後に、資本主義。資本主義は、「法」的なルールにもとづいて富の独占と経済的支配構造を可能にする。この批判はまったくの虚偽とは言えない。しかし、それでも、資本主義（自由市場システム）を廃絶することはできない。資本主義システムなしには、「市民国家」自体が可能でないからである。

現代思想は、おびただしい精力を費やして、国家と同じく資本主義もまた、幻想的かつ欺瞞的制度であることを証明しようとする理論を積み上げてきた。しかし、これらは残念ながら、決定的に的を外した議論というほかはない。そこで資本主義の諸性格（つまり属性）はきわめて精緻《せいち》に描写されたが、しかし資本主義の「本質」だけは言い当てられなかった。

資本主義の本質は、人類史上はじめて現われた、〝持続的に社会生産を増大する経済システム〟であるという点にある。そして、このことの射程だけが、われわれが資本主義にいかに対処すべきかについての新しい展望を与えることができるのである。

もういちど繰り返すと、カントが伝統的な「形而上学」の不可能性を証明してはじめて、「神の真理」を探究する試みが終焉《しゅうえん》し、人間の努力は、社会の構造の探究に向かった。わたしとしては彼の試みに倣って、権力や資本主義の廃絶の「不可能性」を明らかにすることが、現代の批判思想の新しい一歩になるだろうと考えた。それはまだ十分成功したとは言えないかもしれない。

しかし、わたしはこの著作を書いて、自分のうちに新しい可能性が現われかけていると感じる。なぜなら、権力や資本主義の廃絶をめがけた思想と、それを批判するわたしの考えの中心点は、本来、けっして対立的なものではないからだ。近代がはじめて示唆した、万人の人間的「自由」をいかに実現するかという課題が問題であるかぎり、一つの時代の終わりは一つの観念の不可能性を徐々に明らかにしてゆく。そして、そのことでより本質的な問題の形を浮かび上がらせるはずだからである。

この論考は、二〇〇四年に出した『人間的自由の条件』(講談社)を補いたいという意図で、二〇〇九年に筑摩書房からちくま新書として出版されたものだが(『人間の未来』)、今回、あたらしく角川ソフィア文庫として刊を改めることになった。現代の資本主義をどのような方法で考え直し、新しい方向に導くべきかは、われわれの時代の哲学や思想にとって喫緊の課題である。若い世代にはもういちど哲学を読み直すことから新しい地平を開いてほしいと願わずにはいられない。

再刊にあたっては編集の泉実紀子さんにたいへんお世話になった。この場を借りて感謝します。

二〇一六年四月

竹田青嗣

本書は二〇〇九年に筑摩書房から刊行された『人間の未来』に加筆修正の上、文庫化したものです。

哲学《てつがく》は資本主義《しほんしゅぎ》を変《か》えられるか

ヘーゲル哲学再考《てつがくさいこう》

竹田青嗣《たけだせいじ》

平成28年 5月25日 初版発行
令和7年 3月20日 12版発行

発行者●山下直久

発行●株式会社KADOKAWA
〒102-8177 東京都千代田区富士見2-13-3
電話 0570-002-301（ナビダイヤル）

角川文庫 19778

印刷所●株式会社KADOKAWA
製本所●株式会社KADOKAWA

表紙画●和田三造

◎本書の無断複製（コピー、スキャン、デジタル化等）並びに無断複製物の譲渡および配信は、著作権法上での例外を除き禁じられています。また、本書を代行業者等の第三者に依頼して複製する行為は、たとえ個人や家庭内での利用であっても一切認められておりません。
◎定価はカバーに表示してあります。

●お問い合わせ
https://www.kadokawa.co.jp/（「お問い合わせ」へお進みください）
※内容によっては、お答えできない場合があります。
※サポートは日本国内のみとさせていただきます。
※Japanese text only

©Seiji Takeda 2009, 2016 Printed in Japan
ISBN978-4-04-400136-0 C0110

角川文庫発刊に際して

角川源義

第二次世界大戦の敗北は、軍事力の敗北であった以上に、私たちの若い文化力の敗退であった。私たちの文化が戦争に対して如何に無力であり、単なるあだ花に過ぎなかったかを、私たちは身を以て体験し痛感した。西洋近代文化の摂取にとって、明治以後八十年の歳月は決して短かすぎたとは言えない。にもかかわらず、近代文化の伝統を確立し、自由な批判と柔軟な良識に富む文化層として自らを形成することに私たちは失敗して来た。そしてこれは、各層への文化の普及滲透を任務とする出版人の責任でもあった。

一九四五年以来、私たちは再び振出しに戻り、第一歩から踏み出すことを余儀なくされた。これは大きな不幸ではあるが、反面、これまでの混沌・未熟・歪曲の中にあった我が国の文化に秩序と確たる基礎を齎らすためには絶好の機会でもある。角川書店は、このような祖国の文化的危機にあたり、微力をも顧みず再建の礎石たるべき抱負と決意とをもって出発したが、ここに創立以来の念願を果すべく角川文庫を発刊する。これまで刊行されたあらゆる全集叢書文庫類の長所と短所とを検討し、古今東西の不朽の典籍を、良心的編集のもとに、廉価に、そして書架にふさわしい美本として、多くのひとびとに提供しようとする。しかし私たちは徒らに百科全書的な知識のジレッタントを作ることを目的とせず、あくまで祖国の文化に秩序と再建への道を示し、この文庫を角川書店の栄ある事業として、今後永久に継続発展せしめ、学芸と教養との殿堂として大成せんことを期したい。多くの読書子の愛情ある忠言と支持とによって、この希望と抱負とを完遂せしめられんことを願う。

一九四九年五月三日

角川ソフィア文庫ベストセラー

ビギナーズ 日本の思想
新訳 茶の本
岡倉天心
訳／大久保喬樹

『茶の本』（全訳）と『東洋の理想』（抄訳）を、読みやすい訳文と解説で読む！ ロマンチックで波乱に富んだ生涯を、エピソードと証言で綴った読み物風伝記も付載。天心の思想と人物が理解できる入門書。

ビギナーズ 日本の思想
福沢諭吉「学問のすすめ」
福沢諭吉
訳／佐藤きむ
解説／坂井達朗

国際社会にふさわしい人間となるために学問をしよう！ 維新直後の明治の人々を励ます福沢のことばは現代にも生きている。現代語訳と解説で福沢の生き方と思想が身近な存在になる。略年表、読書案内付き。

ビギナーズ 日本の思想
西郷隆盛「南洲翁遺訓」
西郷隆盛
訳・解説／猪飼隆明

明治新政府への批判を込め、国家や為政者のあるべき姿と社会で活躍する心構えを説いた遺訓。やさしい訳文とともに、その言葉がいつ語られたものか、一条ごとに読み解き、生き生きとした西郷の人生を味わう。

ビギナーズ 日本の思想
九鬼周造「いきの構造」
九鬼周造
編／大久保喬樹

恋愛のテクニックが江戸好みの美意識「いき」を生んだ――。日本文化論の傑作を平易な話し言葉にし、各章ごとに内容を要約。異端の哲学者・九鬼周造の波乱に富んだ人生遍歴と、思想の本質に迫る入門書。

ビギナーズ 日本の思想
新訳 武士道
新渡戸稲造
訳／大久保喬樹

深い精神性と倫理性を備えた文化国家・日本を世界に広めた名著『武士道』。平易な訳文とともに、その意義や背景を各章の「解説ノート」で紹介。巻末に「新渡戸稲造の生涯と思想」も付載する新訳決定版！

角川ソフィア文庫ベストセラー

改訂新版 共同幻想論
吉本隆明

国家とは何か？ 国家と自分とはどう関わっているか？ 風俗・宗教・法、そして我々の「慣性の精神」――。生活空間と遠く隔たる異空間を包含するこの厄介な代物に論理的照射を当て、裸の国家像を露呈させる。

定本 言語にとって美とはなにか（Ⅰ、Ⅱ）
吉本隆明

記紀・万葉集をはじめ、鷗外・漱石・折口信夫・サルトルなどの小説作品、詩歌、戯曲、俗謡など膨大な作品を引用して詳細に解説。表現された言語を「指示表出」と「自己表出」の関連でとらえる独創的な言語論。

改訂新版 心的現象論序説
吉本隆明

心がひきおこすさまざまな現象に、適切な理解線をみつけだし、なんとかして統一的に、心の動きをつかまえたい――。言語から共同幻想、そして心的世界へ。著者の根本的思想性と力量とを具体的に示す代表作。

木田元の最終講義 反哲学としての哲学
木田　元

若き日に出会った『存在と時間』に魅せられ、ハイデガーを読みたい一心で大学へ進学。以後、五〇年にわたる哲学三昧の日々と、独創的ハイデガー読解誕生の経緯を、現代日本を代表する哲学者が語る最終講義。

幸福論
アラン
訳／石川　湧

幸福とはただ待っていれば訪れるものではなく、自らの意志と行動によってのみ達成される――。哲学者アランが、幸福についてときに力強く、ときには瑞々しく、やさしい言葉で綴った九三のプロポ（哲学断章）。

角川ソフィア文庫ベストセラー

方法序説

デカルト
訳／小場瀬卓三

哲学史上もっとも有名な命題「我思う、ゆえに我あり」を導いた近代哲学の父・デカルト。人間に役立つ知識を得たいと願ったデカルトが、懐疑主義に到達する経緯を綴る、読み応え充分の思想的自叙伝。

新版 精神分析入門（上、下）

フロイト
安田徳太郎・安田一郎＝訳

無意識、自由連想法、エディプス・コンプレックス。精神医学や臨床心理学のみならず、社会学・教育学・文学・芸術ほか20世紀以降のあらゆる分野に根源的な変革をもたらした、フロイト理論の核心を知る名著。

自殺について

ショーペンハウエル
石井　立＝訳

誰もが逃れられない、死（自殺）について深く考察し、そこから生きることの意欲、善人と悪人との差異、人生についての本質へと迫る！　意思に翻弄される現代人へ、死という永遠の謎を解く鍵をもたらす名著。

饗宴
恋について

プラトン
山本光雄＝訳

「愛」を主題とした対話編のうち、恋愛の本質と価値について論じた「饗宴」と、友愛の動機と本質について論じた「リュシス」の2編を収録。プラトニック・ラブの真意と古代ギリシャの恋愛観に触れる。

君主論

マキアヴェッリ
訳／大岩　誠

ルネサンス期、当時分裂していたイタリアを強力な独立国とするために大胆な理論を提言。その政治思想は「マキアヴェリズム」の語を生み、今なお政治とは何かを答え、ビジネスにも応用可能な社会人必読の書。

角川ソフィア文庫ベストセラー

歴史を動かした哲学者たち　堀川　哲

革命と資本主義の生成という時代に、哲学者たちはいかなる変革をめざしたのか――。デカルト、カント、ヘーゲル、マルクスなど、近代を代表する11人の哲学者の思想と世界の歴史を平易な文章で紹介する入門書。

世界を変えた哲学者たち　堀川　哲

二度の大戦、世界恐慌、共産主義革命――。ニーチェ、ハイデガーなど、激動の二〇世紀に多大な影響を与えた一五人の哲学者は、己の思想でいかに社会と対峙したのか。現代哲学と世界史が同時にわかる哲学入門。

若者よ、マルクスを読もう　20歳代の模索と情熱　内田　樹　石川康宏

『共産党宣言』『ヘーゲル法哲学批判序説』をはじめとする、初期の代表作5作を徹底的に嚙み砕いて紹介。その精神、思想と情熱に迫る。初心者にも分かりやすく読める、専門用語を使わないマルクス入門！

夢のもつれ　鷲田清一

映像・音楽・モード・身体・顔・テクスチュアなど、身近なさまざまな事象を現象学的アプローチでやさしく解き明かす。臨床哲学につながる感覚論をベースとした、アフォリズムにあふれる哲学エッセイ。

死なないでいる理由　鷲田清一

〈わたし〉が他者の思いの宛先でなくなったとき、ひとは〈わたし〉を喪い、存在しなくなる――。現代社会が抱え込む、生きること、老いることの意味、そして〈いのち〉のあり方を滋味深く綴る。

角川ソフィア文庫ベストセラー

大事なものは見えにくい　鷲田清一

ひとは他者とのインターディペンデンス（相互依存）でなりたっている。「わたし」の生も死も、在ることの理由も、他者とのつながりのなかにある。日常の隙間からの「問い」と向き合う、鷲田哲学の真骨頂。

やがて消えゆく我が身なら　池田清彦

「ぐずぐず生きる」「八〇歳を過ぎたら手術は受けない」「がん検診は受けない」――。飾らない人生観と独自のマイノリティー視点で、現代社会の矛盾を鋭く突く！　生きにくい世の中を快活に過ごす指南書。

青春論　亀井勝一郎

青春は第二の誕生日である。友情と恋愛に対峙する「沈黙」のなかで「秘めごと」として自らの精神を育てなければならない――。新鮮なアフォリズムに満ち生きることへの熱情に貫かれた名随筆。解説・池内紀。

文学とは何か　加藤周一

詩とは何か、美とは何か、人間とは何か――。後年、戦後民主主義を代表する知識人となる若き著者が果敢に挑む日本文化論。世界的視野から古代と現代を縦横に行き来し、思索を広げる初期作品。解説・池澤夏樹。

陰翳礼讃　谷崎潤一郎

陰翳によって生かされる美こそ日本の伝統美であると説いた「陰翳礼讃」。世界中で読まれている谷崎の代表的名随筆をはじめ、紙、厠、器、食、衣服、文学、旅など日本の伝統に関する随筆集。解説・井上章一

角川ソフィア文庫ベストセラー

恋愛及び色情
谷崎潤一郎
編／山折哲雄

表題作のほかに、自身の恋愛観を述べた「父となりて」「私の初恋」、関東大震災後の都市復興について書いた「東京をおもう」など、谷崎の女性観や美意識について述べた随筆を厳選。解説／編・山折哲雄

美しい日本の私
川端康成

ノーベル賞授賞式に羽織袴で登場した川端康成は、古典文学や芸術を紹介しながら日本の死生観を述べ、聴衆の深い感銘を誘った。その表題作を中心に、今、日本をとらえなおすための傑作随筆を厳選収録。

なんでもないもの
白洲正子エッセイ集〈骨董〉
白洲正子
編／青柳恵介

古伊万里などの食器や民芸雑器、織部・信楽などの茶陶、天啓赤絵や李朝白磁などの中国・朝鮮のやきもの、古代ガラスの工芸品、十一面観音などの仏像にいたるまで、白洲正子の眼を愉しませた骨董たちを綴る。

美しいもの
白洲正子エッセイ集〈美術〉
白洲正子
編／青柳恵介

絵巻物や屏風、扇面、掛幅などの絵画、光悦・乾山や魯山人などのやきもの、能装束や辻ヶ花などの着物、円空や白鳳時代の仏像、硯箱から印籠までの漆工芸など、白洲流の美の発見と古美術に寄せる思いを語る。

かそけきもの
白洲正子エッセイ集〈祈り〉
白洲正子
編／青柳恵介

熊野詣や西国巡礼、十一面観音像をはじめとする古寺・古仏をめぐる旅、近江を中心とした隠れ里への思いなど、神仏の信仰や求道的な祈りに共振する正子の眼差し。かそけきものへの思いと在りようを探る。